Erika Berthold ist freie Journalistin. Sie lebt in Berlin

Mit Claudia von Zglinicki schrieb sie das Buch »Ich will nicht mehr vor mir selber fliehen«, authentische Geschichten über Gewaltverbrecherinnen (Aufbau-Verlag 1994).

Ina wächst in einer geachteten Familie auf, ist eine vorbildliche Schülerin, beginnt ein Studium und heiratet, denn sie ist schwanger.

Plötzlich bricht die »heile Welt« zusammen. Die junge Mutter erschlägt ihren Ehemann und wird zu lebenslanger Haft verurteilt. Nach einigen Jahren im berüchtigten Frauengefängnis Hoheneck meldet sie sich für den Stasiknast in Berlin. Sie wird freiwillig Informelle Mitarbeiterin. Bei der letzten Amnestie in der DDR setzt man ihre Strafe auf 15 Jahre herab. Erst in der sozialtherapeutischen Abteilung der Justizvollzugsanstalt in Berlin-Plötzensee bricht sie ihr Schweigen.

Das Schicksal dieser Mörderin offenbart eine tragische Verkettung von Mißbrauch, Ohnmacht, unerfüllter Liebe und Versagen. Sie will leben, endlich selbst für sich sorgen und für ihr Kind. Gibt ihr der Richter eine Chance?

Erika Berthold

INA
Eine Flucht in die Angst

Aufbau Taschenbuch Verlag

Dieses Buch wurde mit einem Stipendium
der Stiftung Kulturfonds gefördert.

ISBN 3-7466-7501-4

1. Auflage 1995
© Aufbau Taschenbuch Verlag GmbH, Berlin
Umschlaggestaltung Torsten Lemme
unter Verwendung eines Frauenporträts, Comstock
Satz LVD GmbH, Berlin
Druck Elsnerdruck GmbH, Berlin
Printed in Germany

»Wach auf!«

Eine Hand rüttelt Inas Schulter. Sie schrickt hoch, streicht sich das schweißverklebte Haar aus dem Gesicht.

»Du hast wieder gestöhnt und geredet. Ganz deutlich. Ich hab alles verstanden.«

Ina starrt ihren Mann an.

»Du hast mich belauscht.«

»Ach, Quatsch!«

Achim knipst die Nachttischlampe an und springt aus dem Bett.

»Belauscht? Du warst gar nicht zu überhören. Hast mich aufgeweckt mit deinem Geschrei. Ganz gut so. Jetzt weiß ich endlich, was los ist.«

Er greift nach den Zigaretten, zündet sich eine an, setzt sich auf die Bettkante und raucht.

»Ihr kotzt mich alle an, du und deine rote Sippschaft. Dein Vater, das große Vorbild ... Dabei hat er dich langgelegt! Mit der eigenen Tochter geschlafen! Ja! Guck nicht so! Ich weiß es jetzt! Hast es mir ja eben gebeichtet, im Schlaf. Und nicht nur heute nacht! Schon hundert Mal! Ich hab es nur nicht begriffen.«

Er lacht auf.

»Achim, du spinnst. Das war doch bloß ein Traum ... Dummes Zeug, ich weiß auch nicht ...«

Ina stottert. Sie muß etwas sagen, ihn zum Schweigen bringen. In ihrem Kopf flattert alles. Gedankenfetzen, halbe Sätze. Nichts, was taugt. In diesem Moment.

»Ich bin hier nur der Ersatzmann, na klar. Zweite Wahl. An deinen Vater komm ich natürlich nicht ran, an den Herrn Parteisekretär in der Schule. Der große Reden schwingt und zu Hause seine Tochter fickt …«

Ina hält sich die Ohren zu.

»Hör auf«, sagt sie leise.

»Denk bloß nicht, ich halte mein Maul. Ich bin nicht wie du. Morgen früh zeige ich ihn an. Kriminell ist der, damit du es weißt! Der muß in den Knast! Ich bring ihn rein. Und dann ist Ruhe.«

Hin und her läuft der Mann in dem schmalen Schlafzimmer, schlägt mit der Faust gegen den Kleiderschrank.

Ina hat Angst. Beruhigen, schießt es ihr durch den Kopf, du mußt ihn beruhigen. Sie taumelt hoch, hin zu dem Mann. Der stößt sie fort.

»Faß mich nicht an!«

Ina fällt aufs Bett.

Er beugt sich vor, blickt auf sie herab und zischt: »Solche Schweine wie deinen Vater müßte man an die Wand stellen. Einfach abknallen. Für den ist der Knast viel zu schade.«

Sein Speichel trifft sie.

»Euch alle müßte man niedermachen, dich und dein ganzes verlogenes Pack!«

Durch die Wand dringt Weinen herüber. Das Kind!

Ina schiebt den Mann beiseite und läuft nach nebenan. Susanne sitzt in ihrem Bettchen. Ina kniet sich neben sie, steckt Susanne den Nuckel in den Mund, legt sie hin und streicht ihr über den Kopf. Immer wieder, mit fahrigen Händen.

Das Kind schläft ein.

Ina hockt neben dem Bettchen. Ihr Herz rast.

Der haßt uns, hämmert es in ihrem Hirn, der haßt uns, der haßt uns.

Als sie ins Schlafzimmer zurückkehrt, zitternd vor Angst und Kälte, liegt Achim im Bett. Er hat das Licht ausgeschaltet und kehrt ihr den Rücken zu. Wie angewurzelt bleibt sie in der Tür stehen.

Jetzt ist es aus, denkt sie. Er tut es wirklich. Ich kann nichts machen. Ich kann überhaupt nichts mehr machen.

Die Angst sitzt im Bauch. Langsam steigt sie höher und nimmt Ina die Luft. Sie starrt auf den schlafenden Mann. Ihr Blick verschwimmt. Blind tastet sie nach ihren Sachen, zieht sich an und verläßt die Wohnung.

Wie spät es ist, weiß sie nicht. Daß sie den Weg zum Elbufer einschlägt, merkt sie nicht. Bleiern liegt der Fluß im Mondlicht, kalt und still. Nur ein Gedanke in ihrem Kopf: Das darf er nicht tun. Du mußt verhindern, daß er Vati verrät. Verhindern. Irgendwie.

Lautlos öffnet Ina die Wohnungstür. Steht im Flur und horcht. Es ist still.

Ihr Blick fällt auf das Winkeleisen im Regal. Kalt

fühlt es sich an. Ihre Finger umschließen es wie eine Klammer. Sie betritt das Schlafzimmer.

Der Mann schnarcht leise. Sie hat seinen Namen vergessen. Sie hebt den Arm und schlägt das Eisen auf den Kopf des schlafenden Mannes. Bleiern. Wie der Fluß. Sie wiederholt die Bewegung, bis die Kraft sie verläßt. Dann sinkt sie zusammen. Lautlos.,

Das Licht der Laterne dringt durch die Vorhänge. Ein dunkler Fleck auf dem Kopfkissen. Etwas tropft.

Wach auf, Ina, denkt sie.

Klein fühlt Ina sich und einsam, obwohl die Therapeutin neben ihr sitzt. Die Weite der Flure im Berliner Landgericht schluckt jeden Laut. Beide Frauen schweigen. Alles ist gesagt, alles ist bedacht.

Ina schaut auf die hölzerne Tür, hinter der sie den Richter weiß. Sie kennt seinen Namen; er kennt ihre Akte. Allein wird sie vor ihm stehen, ohne Beistand. Keinen Anwalt gibt es, der das, was sie sagen muß, besser weiß als sie selbst, die Mörderin.

Zwei Drittel der Strafe liegen hinter ihr und vier Jahre Therapie. Eine qualvolle Zeit. Sie will leben, endlich selbst für sich sorgen und für das Kind, ihre Tochter. Deshalb hat sie beantragt, vorzeitig entlassen zu werden.

Die Tür öffnet sich. Eine Gerichtsdienerin in Uniform tritt in den Flur.

»Frau Ina Krüger. Bitte kommen Sie.«

Die Worte hallen in Inas Ohren. Sie erhebt sich und geht auf die Tür zu, die sich mit einem dumpfen Knall hinter ihr schließt.

Minute um Minute rückt der Zeiger der Gerichtsuhr vor. Kein Laut dringt aus dem Saal hinter der hölzernen Tür. Die Stille lastet.

Plötzlich steht Ina wieder im Flur. Die Augen weit aufgerissen, bleiches Gesicht. Die Therapeutin eilt auf sie zu und fängt sie auf. Ina klammert sich an die zierliche Frau. Sie würgt ein Schluchzen hinunter. Dann stößt sie hervor: »Der Staatsanwalt aus Dresden hat meinen Antrag abgelehnt. Es ist der gleiche wie damals, beim Prozeß …«

»Und der Richter? Was hat er gesagt?« will die Therapeutin wissen. Sie zieht Ina auf eine Bank, setzt sich neben sie.

»Nichts.«

Ina schlägt die Hände vors Gesicht.

»Gar nichts hat er gesagt.«

»Das kann doch nicht sein.«

Die Therapeutin nimmt Inas Hand.

»Beruhigen Sie sich, Frau Krüger. Kommen Sie, wir …«

»Er muß alles noch einmal prüfen, bevor er eine Entscheidung fällen kann, hat er gesagt. Er verstand nicht, warum ich Susanne bei meinen Eltern ließ. Er wollte wissen, warum ich meinen Vater nicht angezeigt habe, warum ich so schwachsinniges Zeug erzählt und die Ermittlungen erschwert habe. Warum? Warum?«

Inas Stimme bricht.

»Und Sie?« fragt die Therapeutin. »Was haben Sie …«

»Ich hab versucht, es zu erklären. Die ganze Zeit habe ich das versucht! Er hörte mir ja auch zu. Unterbrach mich kaum. Ich dachte schon, er hätte es begriffen. Aber dann … Wie soll er es auch begreifen? Er ist aus dem Westen! Er weiß doch nicht, wie es bei uns war! Und dieser Staatsanwalt aus Dresden macht alles kaputt! Daß der immer noch da ist …«

Ina schluchzt. Die Therapeutin legt ihr die Jacke über die Schultern und zieht sie von der Bank.

»Kommen Sie, Frau Krüger, wir gehen hier weg. Wir reden in Ruhe darüber. Wenn der Richter sagt, daß er die Sache prüfen läßt, dann wird er das tun. Wir werden sehen …«

Die beiden Frauen gehen durch den langen Flur, eine Treppe hinab, und stehen auf der Straße. Ina schließt die Augen und saugt die kalte Luft tief in ihre Lungen.

Nun wird alles noch einmal beginnen, denkt sie. Von Anfang an.

Das kleine Dorf liegt an der Elbe. Umgebindehäuser ziehen sich vom Fluß bis in die Täler der Sächsischen Schweiz. Eine aufgeräumte Miniaturwelt, wie aus der Spielzeugschachtel. Der Bürgermeister, der Arzt, der Lehrer – man trifft sich, man grüßt sich, man kennt sich. Man weiß alles voneinander. Fast alles.

Lehrer Schreiner hat vier Kinder. Uwe, den Stammhalter, Ina, Anke und Monika, das Nesthäkchen. Lehrer Schreiner ist ein angesehener Mann im Dorf. Er hat studiert und viel gelesen; man fragt ihn um Rat. Man hört ihn gern reden. Der stattliche Mann setzt seine Worte mit leiser Stimme, begleitet sie mit Gesten und schaut sein Gegenüber freundlich an. Das mögen die Kinder in der Schule, die Alten, die vorm Dorfkrug oder auf den Höfen sitzen, und die Genossen in der Parteiversammlung.

Hat Hand und Fuß, was der Mann vorbringt. Könnte sich mancher eine Scheibe von abschneiden. Und seine Familie, die ist tipptopp. Wie der Herr, so 's Gescherr, heißt es von ihm.

Unmerklich nickend, sieht Marianne Schreiner ihre Tochter an, die die Hand hebt und sich meldet. Wie immer weiß sie als erste die Antwort. Ina lernt leicht.

Marianne Schreiner läßt ihren Blick über die Klasse schweifen und ruft ein anderes Kind auf.

Ina zuckt zusammen. Wie durch Watte hört sie die Stimme der Mutter. Sie senkt die Augen. Niemand soll merken, daß sie gekränkt ist.

Auf der letzten Bank hat Ina ihren Platz, neben dem blassen Frank, der immer noch nicht richtig lesen kann. Nach dem Unterricht bleibt sie manchmal mit dem Jungen im Klassenraum und spricht ihm vor, wie man die Buchstaben zusammenzieht, damit Wörter daraus werden. Läßt ihn die Wörter wiederholen, einmal, zweimal, zehnmal.

Wie eine kleine Lehrerin, findet Marianne Schreiner, wenn sie die beiden Kinder auffordert, endlich Schluß zu machen und nach Hause zu gehen.

Marianne Schreiner streicht sich über die Augen. Sie geht zwischen den Schulbänken hindurch, während die Kinder schreiben. Ina beugt sich über Franks Heft. Die langen, braunen Zöpfe fallen ihr über den Rücken. Marianne Schreiner möchte der Tochter über den Kopf streichen. Aber ihre Hand zuckt zurück.

Ich darf das Kind nicht vorziehen, denkt sie, die anderen streichle ich ja auch nicht.

Das Schreinersche Haus liegt am Hang. Die Nachmittagssonne läßt das herbstliche Laub im Garten aufleuchten. Ina lehnt in der Sofaecke und liest. Immer wieder schaut sie aus dem Fenster. Aber Uwe ist weit und breit nicht zu sehen.

Wahrscheinlich steckt er bei den anderen auf dem Fußballplatz, denkt sie. Bestimmt hat er seine Schularbeiten nicht gemacht. Und der Abwasch steht auch noch da.

»Mit mir meckern sie dann wieder«, seufzt sie. »Als ob ich was dafür kann.«

Von der Kirche schlägt es viermal.

»Es glockt«, sagt Ina laut vor sich hin, mit der gleichen Betonung wie Anke, aus deren Kindersprache das Wort stammt. »Dann woll'n wir mal …«

Sie klappt das Buch zusammen und legt es aufs Fensterbrett. Mit den Füßen angelt sie nach ihren Sandalen, schlüpft hinein und macht sich wie jeden Mittwoch und Freitag auf den Weg, um die Schwestern abzuholen. Mittwochs hat die Mutter Versammlung in der Schule, und freitags fährt sie mit dem Bus in die Kreisstadt, um fürs Wochenende einzukaufen. Der Vater kommt spät, manchmal sogar erst nach dem Abendbrot.

Zuerst geht Ina in die Krippe. Sie hebt Monika aus dem Buddelkasten, fühlt, ob ihre Windeln trocken sind, und setzt sie in den Sportwagen. Mit Monika im Wagen spaziert sie langsam durch das ganze Dorf bis zum Kindergarten. Dabei fühlt sie sich wie eine

Mutter. Ernsthaft, verantwortungsvoll und erwachsen.

»Bummel nicht so, nimm deine Jacke und komm«, sagt sie zu Anke.

Mit einer Hand den Wagen schiebend, mit der anderen Hand die Schwester hinter sich herziehend, die sich nicht von der Schaukel trennen will, tritt Ina den Heimweg an.

Anke heult und zappelt, um sich loszureißen. Ina faßt das Händchen fester. Wenn du unbedingt willst, daß es wehtut – das kannst du haben, denkt sie.

Vor der Bäckerei auf der anderen Straßenseite stehen zwei Mädchen aus ihrer Klasse und winken ihr zu. Ina hat keine Hand frei, um zurückzuwinken. Die Mädchen kichern. Ina ärgert sich.

»Laß das doch, Horst …«

Marianne Schreiner dreht sich um und schüttelt die Hand ihres Mannes ab, die unter ihren Rock gleitet, als sie, leicht vorgebeugt und zwei Treppenstufen über ihm stehend, in der Handtasche nach dem Haustürschlüssel sucht. Der Vater lacht.

Ina fängt seinen Blick auf. Er zwinkert ihr zu.

Ina wird rot. Es ist ihr peinlich. Genauso peinlich wie der Griff des Vaters, den sie spürt, als hätte er ihren Schenkel berührt.

Sie schämt sich. Für die Eltern, für ihr Erröten und für das Gefühl zwischen ihren Beinen, von dem zum Glück nur sie etwas weiß.

Zögernd betritt Ina das Arbeitszimmer des Vaters.
Er sitzt hinter seinem Schreibtisch, den Kopf in die

Hand gestützt. Die Lampe beleuchtet einen Stapel eng beschriebenen Papiers und die Hände des Vaters.

Ina sieht, wie er eine Zeile streicht, etwas darüber schreibt und weiterliest. Nach einer Weile hebt er den Kopf. Sein Gesicht liegt im Halbschatten. Ina kann seine Augen nicht erkennen.

»Setz dich«, sagt er.

Ina geht zu dem Sessel neben dem Schreibtisch und läßt sich auf der Kante nieder. Ihre Hände streichen über das kühle, glatte Leder.

Der Vater blättert in seinen Papieren. Es raschelt. Mit einem Ruck schiebt er den Stapel plötzlich von sich, läßt die leeren Hände auf die Tischplatte fallen und wendet sich Ina zu.

»Du hast gestohlen?«

»Ja«, flüstert Ina.

»Wie kommst du dazu?«

Obwohl sie weiß, daß der Vater den Vorfall längst kennt, berichtet sie. Ausführlich und ohne etwas zu verschweigen.

Pellkartoffeln gab es in der Schule, Pellkartoffeln und Quark. Auf dem Fenstersims der Schulküche stand eine große, grüne Plastikschüssel, aus der es dampfte. Der Geruch zog in den Pausenhof und lockte ein Grüppchen Kinder herbei. Ina auch.

Klar doch, sie traute sich, ein paar heiße Knollen aus der Schüssel zu angeln. Die Kartoffeln wanderten von einer Hand zur anderen, bis sie halbwegs abgekühlt waren. Gerade als Ina noch einmal zugreifen wollte, bog die Köchin um die Ecke.

»Da hört sich doch alles auf! Lehrer Schreiners Tochter klaut.«

14

Ein paar Minuten später wußte es die Mutter. Lehrer Schreiners Tochter klaut.

»Daß es nur Kartoffeln waren, tut nichts zur Sache, mein Kind. Was dir nicht gehört, hast du nicht anzurühren. Das weißt du doch, nicht wahr?«

Ina nickt.

»Du weißt es und tust es trotzdem. Was hast du dir dabei gedacht, Ina?«

Ina blickt den Vater an.

Da sitzt er und schimpft nicht mal mit mir, denkt sie. Er ist traurig. Ich habe ihn enttäuscht. Er hat so viel zu tun. Und nun muß er sich auch noch mit meiner Schandtat befassen.

Ina sucht nach einer Antwort. Es fällt ihr nichts ein. Was soll sie erklären? Was hat sie sich denn gedacht? Eigentlich gar nichts. Aber das kann sie nicht sagen. Damit wäre der Vater nicht zufrieden.

»Ich mach es nicht wieder, Vati«, flüstert sie. »Entschuldige, bitte.«

Der Vater nickt.

»Gut«, sagt er dann, »ich glaube dir.«

Er greift nach seinem Füllhalter und den Papieren.

»Geh jetzt. Ich habe zu tun.«

Auf Zehenspitzen verläßt Ina den Raum, steigt leise die Treppe hoch und setzt sich auf die Stufe vor ihrer Zimmertür.

Du mußt etwas Gutes tun, denkt sie, etwas Gutes, damit Vati sich freut.

Ein Streifen Mondlicht fällt durch die halb zugezogenen Gardinen auf Inas Decke. Vorsichtig richtet sie sich auf, stützt sich auf ihren Ellenbogen und schaut zur Schwester hinüber. Anke schläft, auf dem Bauch liegend, die Knie angezogen, so daß sich ein Buckel unter der Steppdecke bildet. Von unten, aus dem Wohnzimmer, dringen Fernsehgeräusche. Eine Männerstimme singt.

Ina tastet unter ihr Kopfkissen, spürt das Papier und zieht es hervor. Sie legt ein Taschentuch über die Leselampe und knipst sie an. Zwei Seiten aus einer Zeitschrift, sorgsam herausgeschnitten und zusammengeheftet, hält sie in der Hand. »Zwischen Meer und Haff« heißt die Geschichte. Ina liest.

Hohe Dünen wölben sich vor ihren Augen. Ein junger, breitschultriger Mann stapft durch den heißen Sand. Barfuß. Sein offenes, weißes Hemd weht im Wind. Die Hosen umschließen seine kräftigen Schenkel wie eine zweite Haut. Nach dem Bad im Meer ist sein Körper straff und fest. In jedem Muskel spürt er wilde Energie. Er sehnt sich nach einem Mädchen, nach der Unbekannten, die irgendwo in der Nähe auf ihn warten muß. Vielleicht gibt es sie gar nicht, aber sein Körper will, daß sie da ist. Er erreicht den Gipfel der Düne und bleibt stehen. Da sieht er sie. Sie ist fast nackt.

Ina spürt ein Kribbeln im Bauch. Atemlos liest sie weiter.

Ihr Gang ist leicht und anmutig. Das bunte Kleid trägt sie in der Tasche, in der noch ein kleiner Spiegel, Lippenstift, Hautcreme und ein Buch stecken. Das Alleinsein tut ihr wohl. Sie braucht nichts. Wirklich nicht? Sehnt sie sich nicht? Träumt sie nachts nicht von einem Mann, unbekannt und stark, der ihre Lippen küßt und ihre langen, braungebrannten

Beine zärtlich streichelt? An sein Gesicht kann sie sich nicht erinnern. Aber jetzt, an diesem heißen Sommertag, überfällt sie der Gedanke, er sei hier, irgendwo in der Nähe, hinter der nächsten oder übernächsten Düne. Sie blickt sich um und sieht ihn. Mitten im Schritt hält sie inne. Eine Weile verharren beide auf der Stelle, durch die flirrende Sonnenglut einander beobachtend. Er tut den ersten Schritt. Da rührt auch sie sich, als hätte sie sich eben entschlossen. Die Entfernung zwischen ihnen verringert sich. Jetzt sieht er ganz deutlich die Gestalt des Mädchens, ihren braunen Körper, das blonde Haar, den winzigen, orangefarbenen Bikini, der mehr entblößt, als er verhüllt. Eine Entfernung von gut zehn Metern trennt sie noch.

Ina streift die Decke ab. Ihr ist heiß.

Sie lächelt, schüttelt das Haar und senkt den Kopf. Mit ihren Lippen berührt sie wie unabsichtlich seine Schulter. Er zieht sie an sich, küßt ihren biegsamen Hals, ihre Wangen, ihre Augen und sucht nach ihren Lippen. Die Küsse fallen auf sie wie warmer Regen. Sie hat sich nach diesem Regen gesehnt. Sie wehrt sich nicht, läuft nicht davon. Im Schatten der Dünen sinken sie nieder. Er streift sein Hemd ab und breitet es aus, sie legt sich darauf, ohne ein Wort. Er gleitet neben sie und nimmt sie in die Arme. Als sie seine kräftigen Finger auf ihrem Rücken spürt, kommt sie ein wenig zu sich. Er will den orangefarbenen Stoffetzen, der ihre Brust bedeckt, aufknoten. Es gelingt ihm nicht. Da tut sie es selbst. Seine Hände greifen nach ihren Brüsten und …

Leise stöhnt Ina auf und zieht die Decke über ihre

Beine. Sie schließt die Augen und spürt die kräftigen Finger auf ihrer Brust. Ein Gesicht beugt sich über sie, das Gesicht des Vaters. Lippen suchen ihren Mund.

Ina löscht das Licht und schiebt die Blätter unter das Kopfkissen zurück. Sie preßt das von der Glühbirne erwärmte Taschentuch auf ihren Bauch. Nach und nach klopft ihr Herz ruhiger. Sie schläft ein.

Zwischen den Apfelbäumen spannt sich die Wäscheleine. Marianne Schreiner hängt weiße Hemden auf, eins neben das andere, jedes mit drei Klammern. Sie zieht die Kragen glatt und die Manschetten. Jetzt steht sie dicht am Küchenfenster, in der einen Hand ein Bündel nasse Taschentücher, in der anderen die hölzernen Wäscheklammern. Sie reckt sich, um die Leine zu erreichen, und hat Mühe, im Gleichgewicht zu bleiben.

Ina sieht, wie die Mutter schwankt und nach der Leine greift, um sich festzuhalten. Die Klammern fallen herunter. Die Mutter bückt sich. Ihre Füße stecken in Pantoffeln. Die angespannten Wadenmuskeln treten hervor, krause, blaue Adern wölben sich in den Kniekehlen. Ein seltsamer Gegensatz zu dem weißen Fleisch an der Innenseite der Schenkel, das der Rock freigibt.

Ina betrachtet die Beine der Mutter.

Die kriegt immer mehr Krampfadern, denkt sie und verzieht den Mund. Mit der Bürste schrubbt sie über den Boden des Milchtopfes. Die dunkelbraune Schicht, die ihn überzieht, will sich nicht lösen. Ina läßt warmes Wasser in den Topf und stellt ihn beiseite.

Im Korridor hört sie die Schritte des Vaters. Er klopft sich die Schuhe ab, kommt in die Küche, hebt den Deckel der Kaffeekanne und schaut hinein.

»Nichts mehr drin, Ina«, sagte er. »Setzt du noch mal Wasser auf?«

Ina greift nach dem Kessel. Der Vater steht hinter ihr. Seine Hände legen sich auf ihre Schultern. Seine Daumen berühren ihre Zöpfe. Er senkt sein Gesicht auf ihren Scheitel.

Ina rührt sich nicht. Der Geruch des Vaters hüllt sie ein.

»Na«, flüstert der Mund des Vaters in ihr Haar, »hast du die Geschichte gelesen?«

Mit einer winzigen Bewegung ihres Kopfes antwortet Ina.

»Hat sie dir gefallen?«

Reglos hält Ina den Wasserkessel. Heiße Röte überflutet sie.

»Laß mich mal an den Wasserhahn, Vati.«

Sie drückt den Vater ein kleines Stückchen zurück, füllt den Kessel und setzt ihn auf den Gasherd. Die Hände des Vaters haben ihr Schultern freigegeben. Aber einen Zopf hält er immer noch fest. Er zieht ein bißchen daran. Es tut nicht weh.

»Ich mochte die Geschichte sehr. Deswegen habe ich sie aufgehoben«, sagt der Vater, läßt Inas Zopf fallen, gibt ihr einen Klaps auf die Wange und wendet sich ab.

»Ich bin in meinem Zimmer. Bring mir bitte den Kaffee, wenn er fertig ist«, ruft er Ina aus dem Flur zu.

Sein Geruch schwebt in der Luft, bis sie die Kaffeedose öffnet.

»**Fahr nicht so schnell, Ina,** die anderen kommen ja gar nicht nach!«

Ina hört die Stimme des Vaters hinter sich. Sie tritt noch kräftiger in die Pedale und sieht sich um.

Der Vater versucht, sie einzuholen. Er kommt immer näher. Sie beugt sich über den Lenker und saust die Anhöhe hinab.

Der Weg biegt um einen bemoosten Felsen und schlängelt sich an der Polenz entlag. Allzu schnell kann sie nicht fahren, sonst landet sie im Bach. Knapp umfährt sie den Stein.

Ein paar Spaziergänger kommen ihr entgegen. Sie hört den Vater grüßen.

Kurz darauf hat er sie eingeholt und fährt neben ihr. Außer Atem, lassen beide ihre Räder ausrollen und springen ab.

Ina wirft sich ins Farnkraut. Die hohen Wedel schlagen über ihr zusammen. Sie hört den Vater lachen.

»Jetzt bist du knülle, was?«

»Nein«, sagt Ina.

Sie schließt die Augen halb und blinzelt in das lindgrüne Kraut, das wie eine Welle über ihr zittert. Es riecht nach feuchter Erde und nach Pilzen. Ina wendet den Kopf zur Seite und preßt ihr Gesicht in das Moos.

»**Daß ihr immer so rasen müßt!**«

Die Mutter, Anke und Monika sind angekommen. Sie stellen die Räder zusammen, schließen sie an und steigen die Stufen zur Brand-Aussicht empor. Der Vater trägt Monika auf den Schultern.

»Wo bleibst du denn?« hört Ina die Mutter rufen.

»Ina, Ina, fährt nach China!« kreischt Monika, weit entfernt.

»Kommt nicht mehr nach Haus, und du bist raus«, murmelt Ina, rappelt sich auf und folgt den anderen.

»Bin fertig.«

Ina klappt ihren Schnellhefter zu. Geographie, langweilig. Sie greift nach einem Heft, das die Mutter eben beiseite legte. Ungelenke Zahlenreihen, kraklige Fünfen und Sechsen, Tintenkleckse.

»Ist doch Unsinn, daß die Kleinen gleich mit dem Füller schreiben müssen. Guck mal, Mutti, hier ist alles verwischt.«

Die Mutter nimmt ihr das Heft aus der Hand, schlägt es auf, schüttelt den Kopf und schreibt mit roter Tinte drei Fünfen und drei Sechsen untereinander. Aus einem Block trennt sie ein frisches Blatt rosafarbenen Löschpapiers, legt es auf die Seite und fährt mit dem Handrücken darüber. Rote Spuren ihrer Schrift bleiben darauf zurück, wie winzige Blutflecken.

»Weißt du, was ein Orgasmus ist?« fragt Ina.

Die Mutter hat schon das nächste Heft korrigiert und wieder ein neues Löschblatt in der Hand.

»Einen Organismus meinst du. Organismen nennt man alle Lebewesen, die …«

»Ja, das hatten wir in Bio. Kenne ich. Ich meine was anderes. Orgasmus. Ohne n und i in der Mitte.«

»Was soll denn das sein? Habe ich noch nie gehört. Irrst du dich auch nicht?«

»Nein«, sagt Ina und steht auf.

»Schlag das mal selber nach und stör mich nicht dauernd. Du weißt doch, wo die Lexika stehen. Oder frag Vati …«, ruft die Mutter Ina hinterher.

Meyers Neues Lexikon, sechzehn Bände, zählt Ina. Band zehn, die Buchstaben O und P.

Ina nimmt das in schwarzes Kunstleder gebundene Buch aus dem Regal und wiegt es in der Hand. Schwer. Auf Seite 325, zwischen Organum und Orgel, findet sie das Wort.

»Die durch Reizsummation beim Geschlechtsverkehr ausgelöste Lustempfindung. Geht mit erhebl. vegetativen Reaktionen (z.B. Steigerung von Herzfrequenz, Blutdruck, Atmung) einher.«

Darunter zwei kleine Fotos. Die Orgel in der Stralsunder Marienkirche, erbaut 1695 von F. Stellwagen. Und die kleine Orgel in der Thomaskirche, Leipzig, erbaut 1667 von A. Schuke aus Potsdam.

Reizsummation, Herzfrequenz. Wörter wie im Wartezimmer. Geschlechtsverkehr und Lustempfindung? Ina horcht in sich hinein.

Nichts.

Doch, ein kleiner Orgelton, der lauter wird, bis er in den Ohren summt. Und ein Name.

A. Schuke aus Potsdam.

»Wir nehmen uns mal Zeit, Töchting. Irgendwann in den nächsten Tagen. Man kann nicht alles nachschlagen, stimmt's? Manches steht nicht in den Büchern.«

Ina weiß sofort, was der Vater meint. Sie fühlt, wie die Röte ihr ins Gesicht steigt.

Der Vater sieht sie an.

»Du mußt dich nicht schämen, Kind. Das ist alles ganz natürlich. Und es ist besser, man weiß beizeiten Bescheid. Damit man nichts verwechselt, nicht wahr? So, und nun schwirr ab, mein kleiner Organismus.«

Ina lacht. Die Hitze in ihrem Gesicht klingt ab.

Der Vater nimmt seine Jacke von der Garderobe, setzt seine braune Ledermütze auf, ein bißchen schräg, blickt in den Spiegel und zwinkert ihr zu.

Die Treppe knarrt leise.

Das ist Vati, denkt Ina. Sie erkennt seinen leichten Gang.

Anke schläft schon. Jedenfalls scheint es so.

Vorsichtig öffnet der Vater die Tür einen Spalt breit.

Ina richtet sich auf.

Der Vater steckt den Kopf durch die Tür, legt einen Finger auf seine Lippen und tappt auf leisen Sohlen auf Inas Bett zu. Dicht am Kopfende läßt er sich nieder.

»Es ist spät geworden heute. Ich dachte, du schläfst schon«, flüstert er.

Ina schüttelt den Kopf.

»Wie war es denn in der Schule?«

»Langweilig.«

»Bei mir auch. Ich hätte gut zum Abendbrot zu Hause sein können, wenn sich die Leute nicht so ausmären würden. Aber die sitzen wahrscheinlich lieber in der Versammlung als zu Hause, weil es da noch öder ist. Traurig, nicht?«

Ina nickt und kuschelt sich an den Vater.

»Ich muß wieder runter, mein Kleines. Komm, gib mir einen Kuß.«

Ina hebt den Kopf, der Vater umarmt sie und zieht sie an sich. Er drückt sein Gesicht in die Beuge zwischen ihrem Hals und der Schulter. Es kitzelt. Ina kichert.

»Pst«, macht der Vater. »Weck Anke nicht auf.«

»Schließ mal die Augen«, flüstert er in Inas Ohr.

Sie tut es. Ganz langsam legt sich der weiche Mund des Vaters auf ihre Lippen. Sie spürt seine Zunge, die zart darüber streicht.

So hat der Vater sie noch nie geküßt. Ihr Herz klopft. Der Vater legt seine Hand dahin, wo es schlägt. Ein Summen breitet sich in Inas Körper aus.

»Schön, nicht wahr?« murmelt der Vater.

Er hält sie ein Stückchen von sich weg. Eine Hand stützt ihren Rücken, die andere liegt noch auf ihrer Brust. Dann beugt er sich vor, gibt ihr einen festen Kuß auf die Stirn, drückt sie in die Kissen zurück und geht.

Das Summen in allen Gliedern bleibt. Und ein kühler, feuchter Fleck auf der Stirn. Ina wischt ihn nicht weg. Sie streckt sich aus, sieht an die dunkle Zimmerdecke und denkt an die Geschichte im Haff.

»**Jungs sind blöd**«, **sagt Ina**. »Mit denen könnt ihr mich jagen. Nur dumme Sprüche und nichts dahinter.«

»Ach, gib nicht so an. Die aus der Zehnten sind fast alle süß. Komm, die stehen bestimmt wieder an der Bushaltestelle. Wir gehen mal vorbei.«

Die Mädchen greifen nach ihren Mappen und setzen sich in Bewegung. Bis zum Hangweg bleibt Ina bei ihnen. Dort biegt sie ab, allein.

»Viel Spaß!« ruft sie den anderen nach.

Ob ich noch schnell hinterherrenne? überlegt sie. Ach was! Sie dreht sich um und steigt den Hangweg hoch.

Im Flur wirft Ina ihre Schultasche neben die Schuhe, bleibt vor dem Spiegel stehen und sieht sich an.

Die finden mich sowieso nicht schön, denkt sie. Die stehen nur auf Mädchen in Jeans und Kordschuhen. Westklamotten an und Kaugummi kauen, aber dumm wie Brot.

Sie geht in die Küche und stellt das Radio an. Eine Weile sucht sie auf der Skala, bis sie den Deutschlandfunk findet. Musik, ein englischer Titel. Sie kennt die Gruppe nicht. Gitarre, Schlagzeug, eine Männerstimme.

Ina wiegt sich im Takt. Der Faltenrock schwingt um ihre Knie. Die Beine nehmen den Rhythmus des Schlagzeugs auf. Sie zieht den Gummi aus den Haaren, der ihren Pferdeschwanz hält. Die Haare fallen nach vorn. Sie wirft ihren Kopf hin und her. Die Haare sausen um ihr Gesicht.

»Westradio hören, was?« tönt es plötzlich hinter ihr.

Ina fährt herum. Der Bruder steht in der Tür. Er grinst.

»Kannst ruhig anlassen. Ich verpetz dich schon nicht.«

Uwe plumpst auf einen Stuhl, lehnt sich zurück und streckt die Beine von sich.

»Los, tanz mir was vor.«

»Du spinnst wohl?«

Ina zeigt ihm einen Vogel, schubst seine Füße mit einem Tritt aus dem Weg und knallt die Küchentür hinter sich zu.

Oben, in ihrem Zimmer hört sie die donnernde Musik aus der Küche. Uwe hat das Radio bis zum Anschlag aufgedreht. Die Scheiben im Kleiderschrank zittern. Ina steckt sich die Zeigefinger in die Ohren.

Ein warmer Druck auf dem Oberschenkel, der höher steigt. Etwas berührt ihren Bauch, gleitet tiefer, legt sich über die Haare zwischen ihren Beinen. Ganz leicht.

»Ich bin es«, sagt eine Stimme an ihrem Ohr, »hab keine Angst.«

Ina öffnet die Augen nicht. Sie atmet kaum noch. Aber sie ist hellwach.

»Merkst du, diese Stelle hier, die ist sehr empfindlich. Es muß ein schönes Gefühl sein, wenn sie berührt wird.«

Ina streckt die Beine und rutscht ein wenig höher im Bett, als wolle sie der Hand entkommen.

»Du darfst dich nicht verkrampfen. Bleib ganz weich. Ja, so ist es richtig.«

Der Finger dringt wieder in sie. Sie gibt nach.

Plötzlich blendet ein Lichtschein.

Ina erschrickt und dreht sich zur Wand. Sie preßt ihr Gesicht ins Kissen, um den Vater nicht sehen zu müssen. Sie schämt sich.

»Aber Kind«, flüstert er an ihrem Hals. »Ich will dir doch nur helfen.«

Ina greift nach oben und löscht die Nachttischlampe. Schnell zieht sie ihren Arm wieder unter die
Bettdecke.

Der Vater streicht ihr über den Kopf.

»Du Dummchen.«

Dann hört sie Schritte und das Klappen der Tür.

Der Vater setzt die Teetasse ab.

»Ich muß noch mal zum Rat der Gemeinde, Kinder. Es dauert aber bestimmt nicht so lange wie gestern. Räumt die Küche auf, damit Mutti nicht mehr
so viel zu tun hat, wenn sie vom Arzt kommt.«

»Das Sandmännchen fängt gleich an«, sagt Anke
und verschwindet mit Monika im Wohnzimmer.

»Danach geht ihr ins Bett, ihr beiden. Habt ihr
verstanden?« ruft der Vater aus dem Flur.

Ina stellt das Geschirr zusammen und trägt es zur
Spüle.

Ich wasch gleich noch ab, denkt sie, dann kommt
Mutti mir mit ihren Krankheitsgeschichten nicht in
die Quere. Es tut mir immer gleich selbst alles weh,
wenn sie davon erzählt.

Draußen zieht der Vater seine Schuhe an.

»Wo ist denn mein Schlüsselbund?« hört Ina ihn
fragen.

»Auf dem Fensterbord. Vorhin lag es da.«

Sie schaut um die Ecke, den Abwaschlappen in der
Hand.

»Bis nachher, Töchting …«

Der Vater winkt ihr zu und geht zur Tür. Dort
macht er auf dem Absatz kehrt, kommt auf sie zu

und hebt ihr Kinn mit einem Finger, bis sie ihm in die Augen sehen muß.

»Ina, ich möchte, daß du mir heute bei Licht Gute Nacht sagst. Glaub mir, ich meine es gut. Ich will nicht, daß du mal so verklemmt wirst wie Mutti.«

Um dem Blick des Vaters auszuweichen, lehnt Ina den Kopf an seine Brust. Sie schließt die Augen und überläßt sich dem vertrauten Geruch.

»Ja, Vati«, sagt sie.

Ina wartet.

Die Mutter ist längst heimgekehrt. Der Vater kommt nicht.

Sie legt das Buch beiseite. Zwischen dem Deckel und den ersten Blättern hat sie die Geschichte versteckt. »Die verlorene Liebe« von Alan Winnington, aus dem »Magazin« herausgetrennt. Joan heißt das Mädchen. Eine Schülerin, genauso alt wie sie. Im Walde, unter einem Regencape, küßt sie Graham, preßt sich an ihn, er bebt, seine Stimme ist rauh …

Ina kann sich Graham nicht als Jungen vorstellen. Jungs beben nicht, haben keine rauhen Stimmen. Mädchen beben. Und Männer haben rauhe Stimmen, zärtliche Hände.

Lächelnd nimmt Ina die ein wenig vergilbten Blätter aus dem Buch, faltet sie zusammen und legt sie unter ihr Kopfkissen.

Morgen geb ich Vati die Geschichte zurück, denkt sie.

Sie dreht sich auf den Bauch, zieht ein Bein an, schiebt einen Arm unter das Kopfkissen, so daß ihre Hand die Blätter leicht berührt. Die Bettdecke wird zum Cape, und Ina träumt sich in den Wald, in dem es regnet.

Das Leselicht brennt.

»Wo hast du das her? Von Vati?«

Marianne Schreiner steht mitten im Zimmer. Zu ihren Füßen abgezogene Bettwäsche. In der Hand hält sie die Geschichte. Hat sie sie gelesen?

»Ina, sag mir die Wahrheit. Was ist da mit Vati und dir?«

Ina macht sich steif. Erleichtert merkt sie, daß sie kühl bleibt. Nichts treibt ihr die Röte bis unter die Haarwurzeln. Sie dreht sich um.

Da steht die Mutter. Eine Hand hat sie auf den Tisch gestützt, die andere hält Ina die Blätter entgegen.

»Was soll denn sein mit Vati und mir?«

Die Mutter schweigt. Sie starrt Ina an.

Ina weicht dem Blick nicht aus. Sie kann durch die Mutter hindurchsehen wie durch dünnes Papier. Es strengt überhaupt nicht an. Es geht ganz leicht.

»Ich weiß nicht … Manchmal hab ich so eine Ahnung.«

Die Mutter setzt sich auf den Stuhl an Inas Schreibtisch. Sie legt die Blätter neben sich und fährt mit der Hand über den Bruch in der Mitte, als wolle sie ihn ausbügeln. Der Bruch glättet sich nicht. Da nimmt sie ein paar Bücher aus dem Regal und legt sie darauf. Man sieht die Blätter nicht mehr.

»Ich hab die Geschichte ausgeschnitten, neulich mal«, sagt Ina. »Uwe schnürte gerade die Zeitungen für's Altpapier zusammen, und ich hatte noch nicht alles gelesen.«

Sie greift nach einem Zopf, dreht ihn um den Zeigefinger und rollt ihn wieder ab.

»Ist eine Liebesgeschichte, Mutti. Ganz romantisch … Reg dich doch deswegen nicht auf. Das tut dir nicht gut.«

Die Mutter seufzt.

Ina bückt sich und hebt die abgezogenen Laken, Kissen und Bezüge auf.

»Ich bringe das Zeug in die Waschküche. Leg die frische Wäsche hin, Mutti, ich zieh sie dann auf.«

Zwei Stufen auf einmal nehmend, springt Ina die Treppe hinunter in den Keller. Bevor sie die Wäsche in den großen Kessel wirft, drückt sie ihr Gesicht in den Stoff und atmet den Geruch ihres Bettes ein.

»Marianne, wir fahren jetzt. Zum Abendbrot sind wir wieder zurück.«

Der Vater lehnt sein Rad an den Gartenzaun und prüft den Luftdruck auf den Reifen. Er befestigt eine Metallklammer am Saum seines rechten Hosenbeins, damit es nicht in die Kette kommt. Die Mütze zieht er sich schräg ins Gesicht, schwingt sich aufs Rad und fährt den Hangweg mit angezogener Handbremse hinunter. Unten, an der Straße, wartet Ina.

»Wohin soll's denn gehen?« fragt er. »Ins Polenztal oder an der Elbe entlang?«

»An die Elbe«, sagt Ina, »und in Rathen machen wir Rast.«

»Besser nicht«, sagt der Vater. »Dort kennt mich Hinz und Kunz. Da halten sie uns bloß auf.«

Er legt der Tochter den Arm auf die Schulter. Nebeneinander fahrend, schlagen sie den Weg in die Elbwiesen ein. Ein paar Kühe heben die Köpfe, als sie vorbeiradeln. In Königstein legt die Fähre ab und gleitet lautlos über den Fluß.

»Du bist ein schönes Mädchen geworden, Ina.«

Lang ausgestreckt liegt Horst Schreiner im Gras. Ina kniet neben ihm.

Er zieht sie zu sich herab. Sie verliert das Gleichgewicht und fällt über ihn. Lachend rollt er sich auf sie, reißt einen Grashalm ab und kitzelt sie damit. Sie strampelt und versucht, seine Hand zu fangen. Er packt ihre Arme und drückt sie an den Boden. Sich mit den Beinen hochstemmend, will sie ihn abwerfen, schafft es nicht und läßt die Glieder ins Gras zurücksinken. Er greift in ihren Nacken und hebt ihren Kopf, bis seine Lippen ihren Mund berühren. Der Druck seines Körpers läßt nach. Er rutscht an ihre Seite. Seine Hand schiebt ihren Rock hoch. Sie hebt sich ein wenig an, damit er ihr den Schlüpfer ausziehen kann. Als seine Hand ihre Scham berührt, spreizt sie die Beine. Er stöhnt auf und preßt sich zwischen ihre Schenkel. Sie spürt sein festes Glied. Sie will die Beine schließen.

»Nicht«, sagt er, »bleib so.«

Sie gehorcht und fühlt, wie er in sie eindringt, langsam, mit vorsichtigen Bewegungen. Es tut ein bißchen weh. Als sie sich seinen Bewegungen anpaßt, läßt der Schmerz nach.

Sie drückt ihn an sich, schlingt die Arme fest um seinen Rücken und preßt ihr Gesicht in seine Halsbeuge. Stoßweise dringt sein Atem an ihr Ohr. Er zittert, als schüttle ihn ein Krampf.

»Vati, was hast du …«

Sie biegt den Kopf zurück, um sein Gesicht zu sehen. Er legt ihr die Hand über die Augen und küßt sie.

So hat sie sich die Liebe vorgestellt, so ähnlich. So muß ihr Liebster sein. Stärker als sie, klüger als sie und bebend wie sie. So ist ihr Liebster.

Er streicht ihr das Haar aus dem Gesicht.

»Ina …«, flüstert er, »meine Ina …«

Sie kuschelt sich an ihn. Er ist warm, er riecht gut. Sie möchte in ihn hineinkriechen.

Eine Weile liegen sie so.

Plötzlich erhebt der Vater sich, knöpft seine Hose zu und sucht im Gras nach der metallenen Klammer.

»Da ist ein bißchen Blut an deinem Bein. Wisch es weg.«

Der Vater greift in die Hosentasche und reicht Ina das nach Rasierwasser duftende, zusammengefaltete Taschentuch, das er immer bereithält, um einem der Kinder die Tränen zu trocknen. Ina sieht die Blutspur an ihrem rechten Oberschenkel und erschrickt.

»Das ist nichts Ungewöhnliches«, sagt der Vater. »Dieses kleine Löchlein in der Vagina ist mit einem Häutchen halb verschlossen. Man nennt es Hymen oder Jungfernhäutchen. Wenn man eindringt, zerreißt es. Und dann blutet es ein bißchen.«

Er hockt sich vor sie und fragt: »Habe ich dir weh getan?«

»Nein«, sagt Ina.

Sie schaut an sich hinunter. Der Schlüpfer hat sich um ihr Fußgelenk gewickelt.

Der Vater folgt dem Blick. Lächelnd greift er nach ihrem Fuß, befreit ihn von dem geblümten Stückchen Stoff und gibt es ihr.

Abgewandt zieht sie sich an.

Plötzlich ist es wie immer. Sie fühlt sich klein, hilflos und ungelenk.

»Nimm das Taschentuch und leg es dir in den Schlüpfer, ja? Falls noch ein Tröpfchen Blut kommt«, rät der Vater.

Ina verschwindet hinter den Büschen, wo die Fahrräder liegen. Sie sieht sich um. Niemand da. Schnell tut sie das Taschentuch an die Stelle zwischen ihren Beinen.

»Wirf es zu Hause gleich in die Wäsche.«

Der Vater ist ihr gefolgt.

Ina nickt.

Sie schieben die Räder, bis der Wiesenweg sich der Straße nähert. Sie schweigen. Ein Trabant biegt in den Weg, als sie ihn eben verlassen. Der Fahrer hupt und winkt ihnen zu. Der Vater winkt zurück.

»Komm, Ina«, sagt er. »Wir müssen nach Hause.«

Ina sitzt an ihrem Schreibtisch, die Beine hochgezogen, das Kinn auf die Knie gelegt.

Er ist mein Vater, denkt sie, mein Vater. Der Mann meiner Mutter. Ich darf das nicht machen mit ihm.

Sie schließt die Augen. Sie sieht den Vater und sich selbst wie in einem Film.

Ich habe alles richtig gemacht, denkt sie. Es war schön. Bloß hinterher nicht mehr. Als ich wieder das Kind war. Als der Autofahrer kam.

Wenn wir allein sind, ist es schön. Wenn jemand

kommt, hört es auf. Oder schon vorher? Ich weiß nicht.

Ich darf das nicht machen. Nicht mit Vati. Wenn uns jemand sieht … Wenn Mutti es merkt … Ich muß mir einen anderen suchen. Aber ich will keinen anderen.

Mit Vati mach ich es nicht mehr. Ich nehme mir das jetzt vor. Es ist versprochen.

Ina kneift die Augen fest zu und ballt die Fäuste. Sie hält die Luft an, so lange sie kann. Dann atmet sie aus.

So. Jetzt ist es versprochen.

Am Horizont sieht sie den Vater stehen. Ina läuft. Sie rennt, so schnell sie kann. Ihr Atem pfeift, die Lungen schmerzen. Der Vater ruft und winkt. Er entfernt sich, obwohl er sich nicht bewegt. Er wird immer kleiner. Die Hand auf die Seite gepreßt, in der es zieht und sticht, den Kopf zurückgeworfen, rennt Ina. Der Vater ist nur noch ein grauer Schatten in der Ferne, kaum zu erkennen. Wie ein Nebel löst der Schatten sich auf. Sie hört eine Stimme, von ganz weit her. Das muß er sein.

Streng dich an, denkt sie, du mußt es schaffen.

Der Wecker klingelt.
Ina stellt ihn ab und bleibt im Bett sitzen. Ihr Herz rast. Sie legt sich zurück und atmet langsam ein und aus, ein und aus. Graue Lichtflecken dringen durch das Fenster.

Sie steht auf und zieht die Gardine zurück. Früh-nebel. Schwaden liegen über den Johannisbeersträuchern, reichen bis fast ans Haus. Ina drückt die Stirn an die kühle Scheibe. Das Hämmern in ihrer Brust läßt nach.

Aus der Küche hört sie Geschirr klappern. Sie geht zum Bett der Schwester und zieht ihr die Decke weg.

»Los, Anke, aufstehen! Frühstück ist gleich fertig.«

Das Badezimmer ist abgeschlossen.

Uwe, denkt sie, hoffentlich kommt er bald raus. Sie schlägt zweimal kurz gegen die Tür und ruft: »Beeil dich.«

In der Küche sitzt Moni, noch im Nachthemd, und beißt in ein Honigbrot.

»Du sollst heute schon mittags nach Hause gehen, hat Vati gesagt. Die Klempner kommen. Geld liegt auf Vatis Schreibtisch. Er ruft in der Schule an und entschuldigt dich. Du hast es gut.«

Ina überlegt.

Da fällt Englisch aus und Mathe. Englisch, das macht nichts. Aber Mathe. Bloß noch ein halbes Jahr bis zu den Prüfungen. Knapp, aber es wird schon zu schaffen sein. Muß ja. Eine Woche bleibt Mutti im Krankenhaus, länger nicht. Hat sie gesagt. Jetzt sind es schon zwei. Wenn sie wiederkommt, muß sie sich jeden Tag spritzen. Der Diabetes geht nicht mehr weg. Ob sie das kann, sich selbst eine Spritze verpassen? Ich könnte es nicht.

Ina schmiert die Schulbrote für die Geschwister. Moni ißt keinen Käse, Uwe ißt alles und Anke am liebsten Leberwurst. Die Leberwurst ist gleich alle. Zettel schreiben. Was fehlt noch? Ist Milch da? Ja.

Reicht bis morgen. Morgen ist Freitag, und Vati geht einkaufen. Vati.

Ina trinkt eine Tasse Tee. Hunger hat sie früh nicht. Sie hat überhaupt nie Hunger. Das fällt keinem auf, jetzt, wo Mutti nicht da ist.

»Du weichst mir aus, Ina.«

Der Vater stellt seine Aktentasche auf die Kommode und zieht die Jacke aus.

»Lauf nicht gleich weg, hörst du.«

Ina bleibt stehen. Ihre Hand liegt auf dem Treppengeländer. Der Vater greift danach. Sie zieht die Hand fort. Aber sie dreht sich um. Schweigend blickt sie den Vater an. Wie er da im Flur steht, einen halben Meter unter ihr, scheint er kleiner als sonst.

»Warum antwortest du nicht, Ina? Nicht auf den ersten Brief und auch nicht auf den von gestern. Was hast du? Was ist denn los mit dir?«

Wie kann er das fragen, denkt Ina. Er weiß es doch. Er weiß doch sonst immer alles. Er soll mich in Ruhe lassen. Aufhören soll er!

Mit einem Schritt steht der Vater auf der zweiten Treppenstufe. Ina weicht zurück.

»Laß mich!« schreit sie.

An Uwe vorbei, der erstaunt um die Ecke schaut, stürzt sie in ihr Zimmer und knallt die Tür zu.

»Was hat sie denn?« hört Ina den Bruder fragen.

Der Vater antwortet, aber sie versteht nicht, was er sagt. Er spricht leise.

Sie wirft sich auf das Bett, hält sich die Ohren zu und stöhnt in ihr Kissen.

Der Brief.

Ina hat ihn zerrissen. Jetzt fischt sie die Schnipsel aus dem Papierkorb, glättet sie und setzt sie zusammen. Wie ein Puzzle.

»Töchting, bevor der Trubel des Tages beginnt, möchte ich ein paar Gedanken für Dich zu Papier bringen. Einigermaßen kann ich ja verstehen, warum du so wenig sagst. Ich habe für Dich einen Zwiespalt geschaffen. Bitte nimm ihn nicht zu ernst. Nimm meine Freundschaft so, wie ich sie betrachte, auch wenn sie wohl etwas über die väterliche Liebe hinausgeht. Wir beide sind doch Menschen, die sich verstehen und sich vertrauen. Glaube mir, ich will Dir nur helfen, Dir Zärtlichkeit geben, bis Du ohne Hast oder Torschlußpanik einen Freund gefunden hast, der Dich so liebt wie ich. Dein Vati.«

Ina starrt auf das Papier, bis die geraden Schriftzüge des Vaters verschwimmen.

Er meint es gut, denkt sie. Er meint es wirklich gut mit mir. Ich darf ihn nicht so stehenlassen. Das ist gemein. Er liebt mich doch. Und ich …

Übelkeit steigt hoch in ihr. Mit beiden Händen fegt sie die Papierschnipsel zusammen, springt auf und rennt ins Badezimmer. Sie wirft die Schnipsel ins Klo, kniet sich vor das Becken und übergibt sich.

Das Wasser der Spülung rauscht und schwemmt alles fort.

»Geht es wieder?«

Besorgt beugt Marianne Schreiner sich über die Tochter.

»Trink noch ein bißchen Pfefferminztee. Das bringt den Magen in Ordnung, Kind.«

Ina schiebt das Glas beiseite, das die Mutter ihr hinhält.

»Hast du was gegessen, das dir nicht bekommen ist?« will die Mutter wissen.

»Bestimmt«, sagt Ina. »Laß mich jetzt schlafen, Mutti. Morgen ist es wieder gut.«

»Hoffentlich.«

An der Tür dreht Marianne Schreiner sich noch einmal um.

»Mach jetzt nicht schlapp, Ina. So kurz vor den Prüfungen. Reiß dich zusammen.«

Ina zieht die Decke über den Kopf.

Die Mutter geht.

»Laß los! Du tust mir weh!«

Ina versucht, den Arm aus der Umklammerung zu lösen. Der Bruder lockert seinen Griff, dreht ihren Arm aber sofort nach hinten und biegt ihn hoch, bis Ina sich kaum noch rühren kann.

»Du hast gewonnen. Laß schon los«, bittet sie.

»Nur, wenn du mich küßt«, sagt Uwe.

Mit der freien Hand tastet er nach Inas Brust und preßt sie, daß es schmerzt.

Mit aller Kraft tritt Ina hinter sich, dahin, wo sie des Bruders Schienbein vermutet. Sie trifft, und Uwe gibt sie frei.

»Du Schwein!« schreit sie.

Tränen schießen ihr in die Augen. Sie verschränkt die Arme schützend über der Brust und wendet sich ab.

»Was?«

Uwe tritt hinter sie. Sie spürt ihn im Rücken und krümmt sich.

»Ich soll ein Schwein sein? Ich doch nicht. Du bist das Schwein! Mit Vati treibst du's, aber für mich bist du dir zu schade? Ich krieg dich noch, darauf kannst du dich verlassen!«

Ina taumelt gegen den Tisch. Etwas fällt um. Durch einen Tränenschleier sieht sie den Bruder stehen, mit hängenden Armen, das Gesicht verzerrt. Schritt für Schritt, den Bruder nicht aus den Augen lassend, nähert sie sich der Küchentür. Sie lehnt sich an das Holz.

Er weiß es, denkt sie. Er weiß es.

Ihre Wut erlischt. Schwäche übermannt sie, die Knie geben nach. Sie hält sich an der Türklinke fest.

»Hab dich nicht so«, hört sie den Bruder sagen. »Spiel bloß nicht die feine Dame.«

Er stößt sie beiseite.

»Bist mir sowieso zu zickig.«

Die Küchentür knallt zu.

Ina zuckt zusammen. Sie nimmt Handfeger und Kehrschaufel, fegt die Scherben der Milchflasche auf und wischt die kleine, weiße Lache weg, die sich unter dem Küchentisch gebildet hat.

Ina freut sich.

Jeden Morgen, wenn sie in den Bus steigt und nach Bad Schandau fährt, freut sie sich. Zwanzig Minuten braucht sie für die zehn Kilometer in die Kreisstadt, aber die Fahrt kommt ihr vor wie eine Reise in eine andere Welt.

Der Bus hält am Marktplatz. Auf dem Weg in die Schule trifft sie niemanden, den sie kennt. Keiner weiß, wohin sie gehört und wer sie ist. Keiner trägt ihr Grüße auf an den Vater, an die Mutter.

Daß sie Abitur machen darf, ist eine Auszeichnung. Nur die Besten gehen auf die Oberschule, hat der Vater gesagt. Sie wird in guter Gesellschaft sein. Und später wird sie studieren. Pädagogik natürlich, denn der Apfel fällt nicht weit vom Stamm.

Auf dem letzten Fragebogen hat Ina die Rubrik Studienwunsch nicht ausgefüllt. Sie hat das Wort nicht hingeschrieben. Pädagogik. Es widerstrebte ihr. Etwas anderes fiel ihr nicht ein.

Erleichtert merkte sie, daß sie bei weitem nicht die einzige ist, die noch keine Pläne hat. Zwei Mädchen und ein paar Jungen aus ihrer neuen Klasse wollen sich nicht festlegen. Und sind sogar stolz darauf.

»Abhauen aus dem Kaff, das ist das einzige, was ich will, wenn ich achtzehn bin. Nach Dresden. Oder gleich nach Berlin.«

Petra, das Mädchen mit dem Männerhaarschnitt, den Jeans und den Jesuslatschen, sieht Ina erstaunt an.

»Meine Alten? Ach, denen ist das egal. Die sind froh, wenn ich hier bis zum Abi durchhalte. Die haben mit sich genug zu tun.«

»Was willst du dann in Dresden machen?« fragt Ina und gibt acht, daß Petra nicht merkt, wie beeindruckt sie ist.

»Wird sich finden. Ich kenne ein paar Leute an der Kunsthochschule. Maler, weißt du? Bei denen kann ich jederzeit unterkriechen.«

Ina beneidet das Mädchen.

»Wer ist denn dieser Hermann Fischer? Der dir so dicke Briefe schreibt?«

Der Vater hält die Zeitungen in der Hand und ein größeres Kuvert.

»Ein Fotograf aus Dresden.«

Ina greift nach dem Umschlag, doch der Vater zieht ihn zurück.

»Gib her, das ist meine Post.«

»Ja, sicher. Aber es interessiert mich schon, was du mit einem Fotografen aus Dresden zu tun hast, Ina. Würdest du mir das bitte erklären?«

Der Vater legt die Zeitungen auf die Garderobe, den Brief behält er in der Hand. Er sieht Ina an.

Da ist etwas in seinem Blick, das sie stocken läßt. Etwas Flackerndes, Drängendes. Etwas, das sie vorher noch nie gesehen hat.

»Ich hab ihn bei der FDJ-Schulung kennengelernt. Da fotografierte er für irgendeine Zeitung. Mich und ein paar andere aus der Klasse.«

»Und wieso hat er deine Adresse?«

»Meine Güte, Vati, ich habe sie ihm in der Pause gegeben. Er versprach, mir ein paar von den Fotos zu schicken.«

Der Vater gibt Ina den Brief. Sie nimmt ihn und geht damit in ihr Zimmer. Der Vater blickt ihr nach.

Es bleibt seltsam still beim Abendbrot. Ina merkt, daß der Vater sie aus den Augenwinkeln beobachtet. Nach einer Weile räuspert er sich und legt das Besteck beiseite.

»Entschuldige bitte, Ina, aber die Sache läßt mir

keine Ruhe. Dieser Herr Fischer hat dir nicht zum ersten Mal geschrieben, stimmt es?«

»Ja.«

Ina ärgert sich, weil das Wort wie ein Eingeständnis klingt. Jetzt fragt er gleich, was ich von dem Hermann will, denkt sie.

»Was will er eigentlich von dir?«

»Von mir? Wieso von mir? Gar nichts will er, Vati. Wir schreiben uns manchmal. Bloß so.«

Ina steht auf.

»Bleib doch sitzen, Kind. Du hast ja noch nicht mal aufgegessen«, sagt die Mutter.

»Setz dich, Ina.«

Die Stimme des Vaters duldet keinen Widerspruch.

»Was will der Mann? Er ist doch sicher sehr viel älter als du. Findest du das nicht ein bißchen ungewöhnlich? Hast du dir mal Gedanken darüber gemacht, warum er wohl mit einem so jungen Mädchen wie dir korrespondiert?«

»Er schreibt mir doch bloß, Vati.«

Inas Stimme zittert. Aufhören soll er mit der Fragerei, denkt sie. Ich habe doch nichts getan.

»Ich möchte, daß du mir die Briefe zeigst, Ina.«

Ina nickt. Sie geht in ihr Zimmer und holt eine Tüte, in der drei Briefe und ein paar Fotos stecken. Sie legt die Tüte neben den Teller des Vaters und verläßt die Küche.

Als die Tür sich hinter ihr geschlossen hat, beugt die Mutter sich vor und sagt: »Manchmal übertreibst du aber ein bißchen, Horst. Laß dem Kind doch ...«

»Vertrauen ist gut. Kontrolle ist besser.«

Der Vater öffnet die Tüte, legt die Fotos beiseite,

faltet die Briefe auseinander und liest sie. Die Mutter steht auf, um ihm über die Schulter zu sehen.

»Lies mal vor, Vati«, sagt Uwe.

Ina kaut an ihrem Daumennagel. Einen Moment lang überlegt sie noch, dann schüttelt sie den Kopf und bedeckt das weiße Blatt mit ihrer zierlichen, schrägen Schrift.

»Lieber Herr Fischer, vielen Dank für die Fotos und Ihren Brief. Es ist das letzte Mal, daß ich Ihnen antworte. Das tut mir selber leid, denn es hat mir Spaß gemacht, meine Meinung zu Ihren Fotos aufzuschreiben und zu erfahren, was Sie sich bei Ihrer Arbeit denken. Ich bitte Sie, auch mir nicht mehr zu schreiben. Fragen Sie nicht, warum. Es wäre mir peinlich, Ihnen das erklären zu müssen.

Alles Gute für Sie,

Ihre Ina Schreiner.«

Sie faltet das Blatt und schiebt es in einen Umschlag. Die Adresse hat sie im Kopf. Morgen, in der Schule, wird sie das Kuvert beschriften. Irgendwer borgt ihr bestimmt eine Briefmarke.

Sie steckt den Brief in die Schultasche. Ein angenehmes Gefühl von Erleichterung überkommt sie und ein bißchen Wehmut.

Eigentlich bin ich ein guter Mensch, findet sie.

»Treffer!«

Petra kichert.

Ina greift in die Tüte unter der Bank und steckt sich eine Kirsche in den Mund. Sie schluckt das Fruchtfleisch hinunter, nimmt den Kern und schnipst ihn mit Daumen und Zeigefinger nach vorn. Er prallt an die Tafel.

Frau Mewes, die Biologielehrerin, ignoriert das Geräusch. Als es zur Pause klingelt, entläßt sie die Klasse nicht.

»So«, sagt sie. »Ich möchte wissen, wer die Kirschkerne an die Tafel geworfen hat. Bis derjenige sich meldet, bleiben Sie alle hier, meine Damen und Herren.«

Niemand meldet sich.

»Ich habe Zeit«, sagt die Lehrerin. »Ich kann auf die Pause verzichten.«

Sie setzt sich an ihren Tisch und blättert im Klassenbuch. Minuten vergehen.

»Mensch, macht keinen Scheiß, ich will eine rauchen.«

Einer der Jungen vor ihnen dreht sich zu Ina und Petra um.

»Los, meldet euch, sonst läßt uns die Mewes hier verschmachten.«

Ina hebt den Arm.

Besser, ich mach es, denkt sie. Die Petra haben sie sowieso schon dauernd auf dem Kieker.

»Ich war es, Frau Mewes«, sagt Ina in die Stille hinein.

Alle drehen sich zu ihr um.

»Es ist ja sehr ehrenwert von Ihnen«, mit einem Knall schlägt die Lehrerin das Klassenbuch zu, »daß Sie die Schuld auf sich nehmen, Ina. Aber das fällt wohl kaum in Ihre Verantwortung als FDJ-Leitungsmitglied. Na gut, überziehen wir die Sache nicht. Pause.«

Hinter den Schultoiletten auf dem Hof nimmt Ina eine Zigarette aus Petras Schachtel. Jemand gibt ihr Feuer. Ina zieht den Rauch ein und unterdrückt einen Hustenanfall.

»Dir trauen sie eben nichts zu. Da bist du fein raus«, sagt Petra.

Der dicke Gottfried haut Ina auf die Schulter.

»War eine starke Nummer. Hätte ich dir gar nicht zugetraut.«

Vorn gabelt sich die Straße. Rechts führt sie nach Porschdorf, geradeaus geht es bergauf. Längst liegen die letzten Häuser Bad Schandaus hinter ihr. Ina läuft am Straßenrand, die Mappe unter den Arm geklemmt. Auf ihren nackten Waden brennt die Nachmittagssonne.

Wieder hupt ein Autofahrer, fährt langsamer und schaut sich um. Aber Ina hat keine Lust, einzusteigen. Sie lacht, schüttelt den Kopf und geht weiter.

Noch sieben Kilometer bis nach Hause. Eine gute Stunde zu Fuß.

Ina biegt in einen Feldweg und wirft die Mappe neben ein Rosengebüsch. Die wilden Rosen duften. Eine Hummel brummt in der Sonne.

Ina setzt sich und zieht die Sandalen aus. Dann rollt sie sich auf den Bauch und stützt ihre Ellenbogen auf die Mappe. Durch das Gebüsch kann sie die Straße sehen. Sie pflückt einen langen Grashalm ab und saugt den Saft aus dem Stengel.

Ein Motorengeräusch dringt zu ihr. Auf der Straße ist nichts zu sehen. Sie wendet den Kopf und erkennt am Waldrand zwei Männer auf einem Moped.

Eben verschwinden sie in der Senke des Weges, nun tauchen sie wieder auf.

Ich sollte mich ordentlich hinsetzen, denkt Ina, wie ich hier rumliege ...

Aber sie tut es nicht. Den Grashalm im Mund, blickt sie den Männern entgegen.

Das Moped hält an. Der Bursche auf dem Sozius springt ab und kommt auf Ina zu.

»Hallo, ist es gestattet, sich zu Ihnen zu setzen?«

Er deutet eine Verbeugung an, wie auf dem Tanzsaal.

»Warum nicht?« sagt Ina. »Ist ja genug Platz da.«

»Bring das Bier mit«, ruft der Bursche dem älteren zu, der noch auf dem Fahrzeug sitzt, und läßt sich neben Ina fallen.

Der andere lehnt das Moped an den Feldrain, öffnet eine alte Aktentasche und holt drei Flaschen Bier heraus. Eine hält er Ina entgegen, die zweite gibt er dem Burschen. In der Hosentasche sucht er nach einem Öffner.

»Alles am Mann, was im Leben wirklich wichtig ist«, sagt er, öffnet die drei Flaschen und stößt mit Ina an.

»Prost.«

Er setzt seine Flasche an den Mund. Während er trinkt, hüpft sein Adamsapfel auf und ab.

Ina nippt an dem Bier. Es ist kühl, aber es schmeckt bitter.

»Nicht so zaghaft.«

Der jüngere zwinkert ihr zu. Da schließt Ina die Augen und nimmt mehrere große Schlucke.

Der jüngere lehnt seinen Kopf an ihren Ober-

schenkel. Auf seiner Stirn glänzen ein paar Schweiß-
perlen. Er knöpft sein Hemd auf.

Ina sieht, daß auf seiner Brust dunkle, krause Haare
wachsen. Sie schaut weg, greift nach der Flasche und
trinkt.

Plötzlich richtet der Mann sich auf. Er nimmt ihr
die Flasche aus der Hand, wirft sie beiseite, packt
Ina an den Schultern und dreht sie auf den Rücken.
Sein Mund preßt sich auf ihren, sein Körper drückt
sie nieder. Du darfst dich nicht verkrampfen, sagt
eine Stimme in ihrem Kopf.

Der Mann dringt in sie ein mit harten Stößen. Er
tut ihr weh.

Bleib ganz weich, sagt eine Stimme in ihrem Kopf.

Sie versucht es, aber ihr Körper gehorcht ihr nicht.
Sie strengt sich an. Sie denkt an den Vater. Sie drückt
den Mann an sich, mit aller Kraft.

Er soll anders sein. So wie der Vater.

Er riecht nicht gut. Er ist nicht der Vater.

Sie verliert die Besinnung.

Als Ina zu sich kommt, sind die Männer fort. Auf
dem Weg liegt die leere Bierflasche.

Im Spiegel der Garderobe sieht Ina ihre zerbissenen
Lippen, das wirre Haar. Die oberen Knöpfe der Bluse
fehlen. Kleine Löcher sind an ihrer Stelle im Stoff.

Ina steigt die Treppe hoch. Im Badezimmer zieht
sie sich aus. Sie beugt sich über das Waschbecken,
hält ihr Gesicht unter den Wasserhahn und läßt das
Wasser in den Mund laufen. Lange. Die Wunden an
ihren Lippen schmerzen.

Als sie den Kopf hebt, steht die Mutter in der Tür.

Ina will etwas sagen. Ihr Mund öffnet sich und schließt sich wieder.

Die Mutter starrt sie an. Dann bückt sie sich, rafft die zerrissenen Kleidungsstücke auf und knäult sie zu einem Bündel zusammen. Schweigend geht sie zwei Schritte rückwärts und verschwindet mit dem Bündel im halbdunklen Flur.

Ina läßt Wasser in die Badewanne und schüttet eine ganze Flasche Fichtennadelschaumbad hinein. Das Wasser färbt sich grün. Auf der Oberfläche bildet der Schaum einen Berg.

Vorsichtig gleitet Ina in die Wanne. Der duftende Schaum hüllt sie ein. Sie schließt die Augen.

Vergiß es, denkt sie.

Wie eine Bürde lastet die Stille. Ein Messer kratzt auf dem Teller. Das Geräusch gellt in ihren Ohren. Ina hebt den Kopf und sieht, wie die Mutter den Blick blitzschnell abwendet. Der Vater kaut an seinem Butterbrot. Sie hört, wie er schluckt.

Das Kribbeln in ihren Händen und Füßen nimmt zu. Die Luft wird knapp.

Das Fenster, denkt sie, ich muß das Fenster aufmachen. Sie will aufstehen. Aber sie kann sich nicht bewegen. Da läßt sie sich fallen in diese Stille, die sie wie Watte umgibt.

»Solche Ohnmachtsanfälle kommen bei jungen Mädchen oft vor, Frau Schreiner«, sagt der Arzt. »Der Hormonhaushalt verändert sich, und da macht der Kreislauf nicht immer, was er soll. Organisch ist aber alles in Ordnung bei Ihrer Tochter.«

Marianne Schreiner atmet auf.

»Da bin ich ja erleichtert«, sagt sie. »Es häufte sich in der letzten Zeit. Ich dachte schon, Ina hat womöglich auch Diabetes. Das ist doch manchmal erblich.«

Ina, inzwischen wieder angezogen, tritt aus der Umkleidekabine. Der Arzt nickt ihr zu.

»Alles Gute für das Studium, junges Fräulein.«

»Danke.«

Ina reicht ihm die Hand, verabschiedet sich und verläßt mit der Mutter das Sprechzimmer.

Der Koffer geht nicht zu.

»Hol die Reisetasche Kind, wir packen die Handtücher und die Bettwäsche da ein«, sagt die Mutter.

»Meine Güte«, stöhnt Ina. »Ich komme doch jedes Wochenende nach Hause, Mutti. Ich brauche nicht so viel Kram im Internat. Mein Schrank quillt sowieso schon über.«

Sie nimmt die Wäsche aus dem Koffer, drückt der Mutter den Stapel in den Arm und schiebt sie aus dem Zimmer.

»Laß mich den Rest allein packen, ich bin doch kein Baby mehr.«

»Ja, und dann vergißt du wieder die Hälfte«, schimpft die Mutter, gibt aber nach.

Aus der Schublade ihres Schreibtisches fischt Ina einen Lippenstift, Wimperntusche und einen kleine Dose mit grünem Lidschatten. Sie verstaut alles schnell in ihrer Waschtasche, steckt sie in den Koffer, verschließt ihn und schleppt ihn die Treppe hinunter.

Im Flur lehnt der karierte Stoffbeutel neben dem Spiegel. Ina schaut hinein. Ein Glas mit eingeweckten Kirschen, eins mit Apfelstücken, die obligatorische Schachtel mit den hartgekochten Eiern und ein Päckchen grusinischer Tee. Ganz unten eine Tafel Schokolade.

»Danke, Mutti«, ruft sie.

Die Tür des Arbeitszimmers öffnet sich, und der Vater schaut heraus.

»Warum fährst du denn heute so zeitig? Du hättest wenigstens noch mit uns Kaffee trinken können, findest du nicht, Töchting? Wo wir uns doch jetzt so selten sehen ...«

»Wir wollen noch für die Klausur lernen, die wir morgen schreiben. In Betriebsökonomie«, antwortet Ina.

Sie lächelt ihm zu, aber ein vages Unbehagen regt sich in ihr. Vati meint es doch gut, denkt sie, und ich ...

Für diese Klausur muß sie büffeln, das stimmt. Nur nicht heute. Heute abend feiert das dritte Studienjahr Bergfest. Und sie ist eingeladen, mit ein paar anderen Mädchen aus dem Internat. Wenn der Vater das wüßte, dann gäbe es Fragen. Und wieder dieses Unruhige, Besorgte in seinem Blick.

Nein, nur das nicht, denkt Ina, packt den Koffer und trägt ihn auf den Treppenabsatz vor der Haustür.

»Ich bring dich zum Bahnhof«, sagt der Vater. »Den Koffer stellen wir auf das Rad. Da mußt du ihn nicht schleppen.«

Im hohen Bogen schleudert er die Pantoffeln von

den Füßen, läßt sich auf die Stufen der Treppe fallen und zieht seine Schuhe an.

»Einen Moment noch, Ina, ich hole nur eben das Rad aus dem Keller.«

Na gut, denkt Ina, macht nichts. Das halte ich aus.

In der Mitte des Zimmers drängen sich tanzende Paare. Auf den beiden Doppelstockbetten hocken Mädchen und Jungen. Ihre Gesichter sind im Kerzenlicht kaum zu erkennen.

Laute Musik erfüllt den Raum, manchmal dringt ein Lachen oder ein Gesprächsfetzen an Inas Ohr. Sie lehnt am halb geöffneten Fenster, eine Zigarette in der Hand. Ein Junge stellt sich neben sie. Vom Sehen kennt sie ihn. Sie hebt das Glas mit Obstbowle und stößt mit ihm an.

»Tanzen wir?« fragt er.

Ohne ihre Antwort abzuwarten, zieht er sie mit sich.

Das Stones-Band läuft. »Satisfaction«. Ina steigert sich in die Musik hinein, stampft mit den Füßen und wirft ihren Kopf wild hin und her.

»I can't get no ...«, schreit sie, genau wie die anderen.

Die Paare haben sich aufgelöst, jeder Körper zuckt für sich allein und mit allen im Rhythmus der Musik. Ina reißt die Arme hoch. Ein Glücksgefühl überwältigt sie, wie sie es nie zuvor erlebte. Sie gehört dazu. Sie ist wie alle.

»I can't get no satisfaction ...«, brüllt sie.

Als der Titel zu Ende ist, sinkt sie ihrem Gegenüber erschöpft in die Arme. Daß es ein anderer Junge ist, bemerkt sie nicht. Er drückt sie fest an sich, bleibt mit ihr stehen, und sie wiegen sich beide ganz sanft im Takt. »Lady Jane«.

Der Junge streichelt ihre Schultern. Ina spürt, daß er zittert. Sie kuschelt sich an seinen Hals und muß ein bißchen lachen. Schön, daß er zittert. Sie ist stolz auf sich.

Bei einer Drehung hebt sie den Kopf und blickt ihm ins Gesicht. Er hat die Augen geschlossen.

Die Musik wird wieder lauter, härter. Ina löst sich von dem Jungen und tanzt allein weiter. Eine Flasche kreist, Ina nimmt sie, setzt sie an die Lippen und trinkt in großen Schlucken. Scharfe Flüssigkeit rinnt ihre Kehle hinunter. Sie verschluckt sich und muß husten.

Die anderen lachen. Jemand klopft ihr auf den Rücken. Jemand reicht ihr die Flasche und sagt: »Los, trink noch mal, dann geht es weg.«

Ina tut es. Es hilft.

Sie breitet die Arme aus und dreht sich, bis ihr schwindlig wird. Jemand fängt sie auf, und sie sinkt auf ein Bett.

»Du bist ganz schön verrückt«, flüstert eine Stimme in ihr Ohr.

Ein Mund saugt an ihrem Hals, und eine Hand streichelt ihre Schenkel. Eine Hand knöpft ihre Bluse auf.

Es sind viele Hände. Überall.

Ich darf mich nicht verkrampfen, denkt sie. Dann fällt sie in schwarze Watte, fällt und fällt.

Es ist meine Schuld. Wieder allein meine Schuld. Wenn ich sie reize, muß ich mich nicht wundern, daß sie das mit mir tun. Sie können nichts dafür.

Ina blickt sich um. Das Zimmer ist nicht ihr Zimmer. Das Bett ist nicht ihr Bett.

Auf dem Fußboden liegen ihre Sachen, die Hose, die Bluse, die Schuhe. Das Hemd hat sie noch an. Ein Träger ist abgerissen.

Leise steht Ina auf und sucht die Kleidungsstücke zusammen.

Im Bett gegenüber schnarcht einer, mit offenem Mund. Auf dem Tisch stehen leere Gläser und volle Aschenbecher. Es riecht nach kaltem Rauch.

Ina ekelt sich. Ihr wird schlecht. Sie rennt in den Waschraum, dreht den Wasserhahn auf und hält ihren Kopf darunter, bis die Kälte stärker ist als die Übelkeit.

Mit nassen Haaren schleicht sie in ihr Zimmer. Sieben Uhr, zeigt der Wecker. Noch drei Stunden, bis das erste Seminar beginnt. Vor neun sind die anderen nicht zu erwarten.

Ina nimmt ihr Waschzeug und geht duschen. Ganz allein steht sie unter der Brause, seift sich ab, immer wieder. Sie läßt das warme Wasser über ihr Gesicht und den Körper laufen, bis die Wärme sie ganz erfüllt. Dann streift sie ein neues Nachthemd über und legt sich ins Bett. Sie zieht die Decke über den Kopf, rollt sich zusammen und atmet den Geruch von Seife und frischer Wäsche ein.

Die anderen werden mich schon rechtzeitig wecken, denkt sie und schläft ein.

»Es paßt nicht zu dir, Kind. Du solltest dich nicht so anmalen.«

Leicht legt der Vater seine Hand auf Inas Schulter, ganz leicht. Sie schüttelt die Hand ab.

»Siehst du, jetzt ist der Strich danebengegangen. Jetzt muß ich noch mal anfangen, Vati.«

Mit einem Wattebausch wischt Ina den mißglückten Lidstrich weg. Noch einmal taucht sie den kleinen Pinsel in das Fläschchen mit schwarzer Farbe und setzt neu an. Ihre Hand zittert ein wenig.

»Du machst mich ganz nervös, Vati. Geh bitte raus, sonst werde ich nie fertig.«

Kopfschüttelnd schließt der Vater die Badezimmertür. Ina hört, wie er die Treppe hinuntersteigt. Die Tür seines Arbeitszimmers klappt. Dann ist es still.

Ina bemalt ihre Lippen. Knallrot. Mit dem Finger streicht sie ein bißchen von der Farbe auf ihre Wangen und verreibt sie dort. Die Ohrclips steckt sie in die Hosentasche. Riesige Kreolen.

Die mache ich erst an, wenn ich aus dem Haus bin, denkt sie.

Warum Mutti sich nie geschminkt hat? Allenfalls mal ein Hauch Lippenstift für die Feier am Lehrertag oder einen Theaterbesuch. Seit Jahren steht der gleiche Stift im Badezimmerschränkchen, obwohl er zu jedem Kinderfasching herhalten mußte. Ja, da ist er immer noch, und ein vertrockneter Augenbrauenstift liegt daneben. Warum wirft sie das Zeug nicht weg, wenn sie es nie benutzt?

Ina geht in ihr Zimmer, nimmt die kleine Tasche mit dem langen Schulterriemen, steckt das Portemonnaie hinein und die halbvolle Schachtel Zigaretten. Dann sucht sie nach dem Feuerzeug. Sie findet es nicht, hat es wohl im Internat vergessen. Kein Wunder, daß ihr das erst jetzt auffällt. Zu Hause raucht sie nicht. Nie. Die Eltern würden es sofort merken.

Ina holt das Rad aus dem Keller und lehnt es an die Hauswand.

Die Jacke, denkt sie, ich sollte besser die Jacke mitnehmen. Nachts ist es kühl.

Sie geht in den Flur und nimmt ihre helle Popelinejacke von der Garderobe.

»Ina?« hört sie den Vater rufen. Sie öffnet die Tür zu seinem Zimmer. Da sitzt er, hinter seinem Schreibtisch, und nimmt die Lesebrille ab.

»Wann bist du zurück?«

»Um zwölf machen sie Schluß im ›Erbgericht‹. Gegen halb eins bin ich da, spätestens um eins.«

»Eigentlich paßt es mir nicht, daß du nach Mitternacht noch durch die Gegend radelst«, sagt der Vater, und seine Stimme bekommt diese Färbung, die ein Verbot ankündigt. »Du weißt, daß es Mutti nicht gut geht. Du weißt, daß sie nicht einschläft, bevor du wieder da bist. Ich finde, du solltest …«

»Macht euch keine Sorgen, Vati. Ich bin nicht allein. Aus unserem Dorf fahren bestimmt viele hin. Es ist doch eine Party vom FDJ-Jugendklub. Da treffe ich eine Menge Leute von früher.«

Ina blickt dem Vater ernst in die Augen, so, als ginge sie zu einer Versammlung, auf der sie ein Referat halten muß.

»Na, dann schwirr ab, Töchting. Wenn die FDJ ruft …«

Aufatmend schließt Ina die Tür.

Mit der FDJ klappt es immer, denkt sie und lächelt in sich hinein. Partei wäre noch besser.

Ina schwitzt. In einem Zuge trinkt sie den süßen Wein aus.

»Du schüttest das Zeug hinter, als ob du jeden Tag eine Flasche Spätlese trinkst«, sagt der Junge, mit dem sie die letzten Runden getanzt hat.

»Komm, wir gehen ein bißchen raus, damit du dich abkühlst.«

Ina folgt ihm. Vor der Tür hängt sie sich bei ihm ein. Wie ein Ehepaar spazieren sie unter den Linden vor dem »Erbgericht« auf und ab.

»Ich heiße übrigens Achim, falls es dich interessiert. Achim Krüger.«

Der Junge läßt ihren Arm los und schaut sie an.

»Ich habe dich schon mal hier gesehen, aber …«

»… du hast dich nicht getraut, mit mir zu tanzen, stimmt's?«

Ina lacht. Die Kreolen an ihren Ohren schwingen.

»Wie kommt es denn, daß du plötzlich so mutig bist?«

Der Junge zuckt die Schultern.

»Weiß auch nicht. Ist doch egal.«

Er lehnt sich an eine der Linden und stößt mit dem Fuß ein paar Steinchen über den Weg.

»Du studierst? In Dresden?« fragt er.

»Ja, klar«, sagt Ina, »Bauingenieur. Bin im ersten Studienjahr. Und du?«

»Ich mache bloß eine Lehre. Elektriker. Nächstes Jahr werde ich fertig und fange bei der Wohnungsverwaltung an.«

Er gibt sich einen Schubs, löst sich von dem Baumstamm und deutet auf den erleuchteten Saal.

»Gehen wir wieder rein?«

Gerade füllt sich die Tanzfläche. Bässe dröhnen aus den Boxen. Pink Floyd.

Ina zieht den Jungen, der Achim heißt, ins dichte Gewühl. Er wirbelt sie herum, damit die anderen Tanzenden zurückweichen, umfaßt ihre Taille, drückt das Kreuz durch und beginnt einen Walzer.

Ina hat Mühe, seinen Schritten zu folgen. Sie stolpert über seine Füße, bis er sie hochhebt wie ein Kind und sich mit ihr dreht.

Das Motorrad knattert den Berg hinauf und hält vor dem Haus. Dreimal hupt es, dann wird der Motor abgestellt.

»Achim ist da«, ruft Ina. »Tschüs allerseits, ich geh jetzt.«

Keine Antwort.

Ina greift nach dem bunten Seidentuch, bindet es sich straff um dem Kopf, verläßt das Haus und springt mit einem Satz die Treppen hinab. Sie setzt sich hinter Achim auf den Sozius.

»Halt dich fest«, sagt er, startet das Motorrad und fährt langsam bergab, der Straße zu.

Als sie hinter Hohnstein den Weg in Richtung Bastei nehmen, wendet er den Kopf zur Seite und schreit: »Du mußt dich richtig anklammern, sonst fällst du runter in der Kurve!«

Ina schlingt die Arme um ihn und preßt sich an seinen Rücken.

»Guck nach vorn!« ruft sie ihm ins Ohr.

Er braust die Serpentinen zum Hockstein hoch, nimmt das Gas weg, und sie segeln die Straße nach Porschdorf hinunter, vorbei an Felsnasen, Stoppelfeldern und dem in der Ferne aufragenden Lilienstein.

»Wie auf der Achterbahn,« schreit Ina, »als ob man fliegt!«

Sie legt den Kopf auf Achims Schulter, der Fahrtwind zerrt an ihrem Tuch. Ein Gefühl von Ruhe breitet sich aus in ihr. Sie spürt den Rücken des Jungen, schließt die Augen und überläßt sich diesem Gefühl.

»Los, die gleiche Tour noch einmal.«

Ina wickelt sich das Kopftuch um den Hals, damit ihre Haare im Wind flattern können.

»Bitte, Achim.«

Sie legt die Hand auf seine Schulter und rüttelt ein bißchen.

Achim wendet.

»Wenn du willst, dann mach ich das den ganzen Nachmittag. Der Tank ist voll. Ab geht's.«

Gegen Abend sitzen beide auf einer Bank an der Elbe und sehen zu, wie die Fähre anlegt. Familien drängen vom Schiff und belagern die Kioske, kaufen Ansichtskarten, Bratwürste und Bier. Ein kleines Mädchen mit weißen Kniestrümpfen quengelt, bis es sein Eis bekommt. Die Mutter zieht es weiter. Es stolpert. Das Eis fällt zu Boden.

Die Mutter reißt am Arm des Kindes, Wut im Gesicht. Plötzlich läßt sie es los und geht davon. Laut heulend folgt das Mädchen ihr.

»Meine Güte«, stöhnt Ina, »warum schafft die sich Kinder an, wenn sie es nicht aushält?«

»Wegen der Heck-Prämie.«

Achim grinst.

»Weswegen?«

»Hast du noch nie gehört, das Wort, stimmt's? Erst gibt es den Ehekredit. Deswegen heiraten alle. Dann kaufen sie sich einen Fernseher und eine Waschmaschine, machen drei Kinder, und bei jedem Kind wissen sie: Wieder tausend Mark gespart.«

Ina ärgert sich.

»Ist doch nicht schlecht, daß unser Staat junge Familien unterstützt. Ich finde …«

»…daß sie dann alle hecken wie die Karnickel. Die Bude voll Gören, jedes Jahr zwei Wochen Urlaub auf Gewerkschaftskosten im Elbsandsteingebirge und ein Lebtag darauf warten, daß man Rentner wird und mal den Kölner Dom sehen kann. Ach, Scheiße. Komm, laß uns abhauen hier, Ina.«

Er springt auf.

Langsam geht Ina ihm nach.

Als sie hinter ihn auf das Motorrad steigt, dreht er sich um. Er streicht ihr eine Haarsträhne aus dem Gesicht und sagt: »Sei nicht sauer mit mir, Inalein. Ich werd immer aasig, wenn ich die bescheuerten Urlauber hier sehe. Komm, sei wieder lieb.«

Er zieht sie an sich und versucht, sie zu küssen.

Sie windet sich aus seinen Armen.

»Zur Strafe fährst du mit mir noch mal Achterbahn, ja? Dann verzeihe ich dir.«

»Achim und ich werden heiraten.«

Nun ist es heraus.

Seit Tagen wartet Ina auf einen günstigen Moment für diese Mitteilung. Es ist nicht mehr als eine Mitteilung, hat sie sich immer wieder gesagt, eine Information.

Mit einem Ruck stellt der Vater die Kaffeetasse ab. Ein wenig von der braunen Flüssigkeit schwappt über.

»Was sagst du da? Ina, mit solchen Dingen treibt man keinen Scherz.«

»Achim und ich wollen heiraten. Bald, Vati.«

Er wird schon merken, daß das kein Scherz ist, denkt sie.

»Ina, bleib mal auf dem Boden der Tatsachen«, sagt der Vater. »Du kennst den Jungen doch erst ein paar Wochen. Nicht wahr? Er ist ja ganz nett. Ich hab nichts gegen ihn. Und Mutti natürlich auch nicht. Aber du solltest erst dein Studium beenden. Danach wird man weitersehen. Wer weiß, ob ihr dann noch befreundet seid.«

Die Mutter nickt und blättert mit spitzen Fingern die Schale des hartgekochten Eis ab.

»Vati«, Ina hebt die Stimme, »wir sind nicht befreundet. Wir lieben uns.«

»Ach, Töchting, so etwas sagt man schnell dahin, wenn der Tag lang ist. Wenn man jung ist. Sieh mal, du studierst. Der junge Mann macht eine Lehre, wenn ich mich nicht irre.«

Der Vater schiebt sich ein großes Stück Käse in den Mund.

»Was lernt er eigentlich, der Achim?« fragt er kauend.

»Elektriker«, sagt Ina.

Wut steigt in ihr hoch, weil sie merkt, daß sie errötet.

»Aha«, murmelt der Vater.

»Kind, überstürze nichts«, meldet sich die Mutter. »Bedenke mal, eine Studierte und ein Handwerker, das geht bestimmt nicht lange gut.«

»Drum prüfe, wer sich ewig bindet«, deklamiert der Vater und legt seine Hand auf die der Mutter. »Nicht wahr, Marianne?«

Ina stößt ihren Stuhl zurück und steht auf.

»Mir ist schlecht«, sagt sie. »Ich bin schwanger.«

In weiß wird nicht geheiratet. Das geht nun nicht mehr.

Irgendwas Gedecktes, hat die Schneiderin gesagt, worunter wir das Bäuchlein gut verstecken können.

Ina blättert die Modezeitschriften durch. Weißer Tüll, weite Röcke, enge Mieder, Maiglöckchen im Schleier. So möchte sie aussehen. Wie eine Prinzessin. Vor dem Standesamt wartet die Kutsche, Kinder streuen Blumen, Tauben steigen auf. Achim küßt sie, hebt sie in die Kutsche und fährt mit ihr davon. Weit fort.

»Etwas Praktisches muß es sein, Fräulein Schreiner. Ein Kostümchen in blau. Der Rock mit einer Klappe zum Verstellen. Eine lockere Jacke drüber, mit Sträußchen am Revers. Und dazu tragen Sie dann eine Seidenbluse mit langem Spitzenjabot. Das kaschiert.«

Die Schneiderin nimmt ihr das Journal aus der Hand.

»Stellen Sie sich mal hierher, damit ich die Maße nehmen kann.«

Ina steht vor dem Spiegel und betrachtet sich. Daß sie in vier Monaten ein Baby bekommt, sieht man ihr kaum an, findet sie. Nur, wenn man ganz genau hinguckt.

»Strampelt es denn schon?« will die Schneiderin wissen.

»Ein bißchen«, sagt Ina.

»Und was soll es werden?«

»Ein Junge.«

»Geschafft!«

Der Vater setzt seine Aktentasche ab.

»Wo seid ihr denn alle? Ina! Marianne! Kinderchen!«

Vorsichtig zieht Ina sich hoch und läßt die Beine auf den Fußboden gleiten. Sie wirft das Buch auf ihr Kopfkissen und geht zur Tür.

»Was ist denn?« ruft sie.

»Komm mal runter, Töchting! Aber langsam, langsam ...«

Sich am Geländer festhaltend, steigt Ina Schritt für Schritt die Treppe hinunter.

Die Mutter kommt aus dem Wohnzimmer.

»Ist was passiert, Horst?«

»Das kann man wohl sagen. Der Ratsvorsitzende hat mich heute beiseite genommen und mir versichert, daß es mit der Wohnung klappt. Ina und Achim können in zwei Wochen einziehen. Drei Zimmer, Küche, Bad. Hinten, am Anger, wo sie die neue Siedlung hochgezogen haben.«

Er macht eine Pause und zieht sich die Schuhe aus. Ina und die Mutter blicken sich ungläubig an.

»Tja, meine Lieben, mitunter ist es doch von Vorteil, wenn man seine Pappenheimer kennt«, sagt der Vater, richtet sich auf, reckt sich und lacht.

»Vati, du bist der beste!«

Ina beugt sich vor, umarmt den Vater und drückt ihm einen Kuß auf die Wange. Sie achtet darauf, daß ihr Bauch ihn nicht berührt.

»Ich ruf die Eltern von Achim an, damit sie ihn gleich herüberschicken, wenn er von der Arbeit kommt. Meine Güte, wird der sich freuen!«

Ina schiebt die Mutter beiseite und verschwindet im Arbeitszimmer, um zu telefonieren.

»Sag, daß wir mit dem Abendbrot auf ihn warten, Kind!« ruft die Mutter ihr nach.

Dann seufzt sie, will in die Küche gehen, dreht sich aber noch einmal um.

»Das geht mir alles zu schnell, Horst. Ich überlege dauernd, wo wir das Baby am besten unterbringen, da kommst du mit einer Wohnung. Die Kinder haben doch noch gar nichts …«

»Marianne«, der Vater schnalzt ein paarmal mit der Zunge, »sei nicht immer so pessimistisch. Das Nötigste wird sich finden. Wir haben doch auch mal klein angefangen.«

Achim braucht keine Leiter. Auf einer Fußbank stehend, klebt er die Tapete an die Wand des Kinderzimmers. Eine Bahn mit dem Sandmännchen, eine Bahn mit Frau Elster, eine Bahn mit Pittiplatsch.

»So ein Kitsch«, schimpft er auf die Wand ein,

»weiße Farbe hätte gereicht. Und schneller wäre es auch gegangen.«

Ina kniet auf dem Boden und schneidet die Bahnen zu. Nach jeder Bahn lehnt sie sich zurück und drückt das Kreuz durch. Der Geruch von Tapetenkleister und Farbe steigt ihr in die Nase. Mühsam steht sie auf, geht zum Fenster und will es öffnen.

»Laß das Fenster zu, Ina, sonst kommt der ganze Scheiß wieder runter«, fährt Achim sie an.

»Mach deinen Kram alleine!« schreit sie, preßt eine Hand auf ihren Bauch und rennt hinaus.

In der Küche reißt Ina das Fenster auf und atmet tief durch.

Achim ist ihr gefolgt. Er stellt sich hinter sie, legt seine Arme um ihre Schultern und wiegt sie sanft hin und her.

»Entschuldige«, sagt er leise. »Ich vergesse immer, wie anstrengend alles für dich ist. Willst du einen Schluck Brause? Oder Milch?«

»Ich will nur, daß du nicht so ungerecht bist«, sagt Ina. »Ständig hast du was zu meckern. Mutti kauft uns die Tapete, dir gefällt sie nicht. So ist es immer und immer.«

Sie weint.

Mit dem Fuß angelt Achim nach einem Küchenstuhl. Er setzt sich und zieht Ina auf den Schoß. Sie lehnt ihren Kopf an seine Schulter.

»Sei mir nicht böse, Kleines«, flüstert er. »Manchmal raste ich eben aus. Deine Eltern hinten, deine Eltern vorn. Es wäre mir lieber, wir hätten die Wohnung allein gefunden, glaub mir. Immer dankbar sein müssen, das liegt mir nicht. Das macht mich ganz fertig.«

»Mensch, Achim«, schnieft Ina, »sie meinen es doch gut.«

Jetzt sind es zehn. Zehn Glückwünschkarten. Und zehn Blumensträuße stehen auf dem Flur.

Schade, denkt Ina, daß wir sie nicht im Zimmer behalten dürfen. Da würden alle sehen, daß ich die meisten habe.

Sie öffnet den Umschlag und muß lachen. Wieder eine Karte mit dem Storch, der ein pausbäckiges, strahlendes Baby bringt.

»Herzlichen Glückwunsch!« liest sie. »Wir gratulieren zum freudigen Ereignis und hoffen, daß es Dir und Deinem kleinen Mädchen gut geht. Wann dürfen wir die stolze Mama besuchen? Laß uns bitte wissen, ob Du noch etwas gebrauchen kannst. Deine Parteigruppe Seminar 1«

Mit bunten Filzstifen haben alle ihre Namen unter den Text gesetzt. Ina freut sich.

»Wer hat denn diesmal geschrieben?« fragt die Bettnachbarin.

»Meine Gewerkschaftsgruppe«, antwortet Ina.

Muß ja nicht jeder wissen, daß ich in der Partei bin, denkt sie. Und schon gar nicht die mit ihrer Dallas-Frisur. Vor jeder Besuchszeit schminkt sie sich eine halbe Stunde. Dabei ist sie fast vierzig und hat gerade ihr drittes Kind gekriegt. Karnickel mit Lidstrich.

Mit einem Knall geht die Tür auf. Die Kinderschwester schiebt den Wagen herein, auf dem in zwei

Etagen, wie Brote nebeneinandergeschichtet, die Babys liegen. Ein paar greinen, eins brüllt, rot im Gesicht, und fuchtelt mit den Ärmchen.

»Sind denn schon vier Stunden rum?«

Die Frau gegenüber reibt sich die Augen. Sie hat geschlafen.

»Keine Müdigkeit vorschützen, meine Damen, der Nachwuchs will an die Tränke.«

Eilig teilt die Kinderschwester die Babys aus. Ina staunt wieder, daß sie jeder Frau das richtige Paket aufs Bett legt.

Susanne schläft. Zart schüttelt Ina sie.

»Komm, wach auf, Baby. Du mußt jetzt was trinken.«

Susanne zwinkert kurz, dreht den Kopf hin und her und schläft wieder ein.

»Na? Will sie nicht?« fragt die Schwester.

Mit Daumen und Zeigefinger drückt sie Susannes winziges Näschen zu. Das Baby zuckt mit den Armen, windet sich und schnappt nach Luft.

Die Kinderschwester greift mit der freien Hand nach Inas Brust und stopft die geschwollene Brustwarze in Susannes weit geöffnetes Mündchen. Sofort saugt Susanne sich fest und trinkt mit geschlossenen Augen.

Es tut weh.

»Nicht schon wieder, Achim. Kannst du nicht wenigstens am Freitagabend mal zu Hause bleiben? Ich habe es satt, immer allein hier zu hocken.«

Ina sitzt auf dem Sofa und faltet Windeln und Hemdchen zusammen.

Das Baby im Arm, geht Achim im Zimmer auf und ab. Er klopft ihm leicht auf den Rücken, damit es aufstößt.

»Nun mach schon dein Bäuerchen, du kleines Ding. Papa hat keine Zeit mehr«, murmelt er in Susannes Ohr.

»So wird das nie was.«

Ina springt auf.

»Du hältst sie falsch. Gib her.«

»Kannst du mir mal sagen, was ich überhaupt richtig mache? Du gehst mir auf den Geist, Ina, mit deiner Meckerei. Glaubst du, ich renne jetzt zu meinem Vergnügen los? Ich kann mir was Besseres vorstellen, als bei Richters die Sauna einzubauen, damit sie fette Bonzen in ihr Ferienhaus locken. Hier, nimm das Kind und laß mich in Ruhe.«

Ina legt Susanne ins Bettchen und geht ihrem Mann in die Küche nach.

»Tu bloß nicht so, als ob nur du arbeitest. Wer macht denn den ganzen Kram mit dem Kind? Wer holt denn dein Bier jeden Tag? Ich komme überhaupt nicht mehr unter Leute, sitze abends bloß noch vor der Glotze und verblöde. Mutti würde Susanne bestimmt mal hüten, wenn wir …«

»Ja, Mutti hilft. Vati hilft. Ich kann das nicht mehr hören! Ich will mir von deinen Alten nicht helfen lassen, hast du verstanden? Die mit ihrem Getue! Ohne sie läuft nichts, was?«

Achim knallt die Bierflasche auf den Küchentisch.

»Ich hau jetzt ab. Ich hab die Nase voll.«

Ina schiebt den Kinderwagen unter den Apfelbaum. Auf der Terrasse deckt die Mutter den Kaffeetisch.

»Du sollst mal zu Vati kommen, Ina«, ruft sie, »aber macht nicht so lange. Der Kaffee ist gleich fertig.«

Im Haus ist es kühl und still. Es duftet nach Apfelkuchen. Ina öffnet die Tür zum Arbeitszimmer des Vaters. Wie immer sitzt er an seinem Schreibtisch, blickt kurz auf, lächelt ihr zu und zeigt auf den Ledersessel.

»Nimm Platz, Töchting, ich bin gleich fertig.«

Ina setzt sich. Ihre Hände streichen über das Leder. Sie wartet.

Habe ich was vergessen, überlegt sie, sollte ich …

Der Vater legt den Stift aus der Hand, schiebt einen Stapel Papiere zur Seite und greift nach einem Zettel.

»Na, wie geht es der Familie? Was macht mein Suschen? Wächst und gedeiht?« fragt er.

»Ja«, sagt Ina. »Sie kann jetzt schon allein sitzen. Ein paar Minuten lang. Achim arbeitet. Dieses Wochenende ist er bei Richters …«

»Ich weiß«, unterbricht der Vater. »Er macht seine Sache gut, sagt Genosse Richter. Ich muß stolz sein auf meinen Schwiegersohn. Und du? Bist du zufrieden mit ihm?«

Nein, denkt Ina, nicht rot werden jetzt. Bitte nicht rot werden. Aber sie fühlt schon, wie die Hitze in ihre Wangen steigt.

»Ja, Vati«, sagt sie.

Der Vater lacht, steht auf und übergibt ihr den Zettel wie einen Orden.

»Du sollst morgen Frau Markert anrufen. Die Telefonnummer steht hier drauf. Sie hat einen Krippenplatz für Susanne.«

»Oh, Vati!«

Ina springt auf und fällt dem Vater um den Hals.

»Das ist ja Klasse! Da lassen sie mich bestimmt noch ins zweite Studienjahr einsteigen, wenn ich ...«

»Das tun sie, Töchting, ich habe das schon geregelt.«

Der Vater zieht Ina an sich, sie schmiegt ihr Gesicht in seinen Hals, und er beißt ganz leicht in ihr Ohrläppchen.

»Wo bleibt ihr denn? Der Kaffee wird kalt!« ruft die Mutter.

»Stell dir vor, Achim, wir haben einen Krippenplatz!«

Weingläser stehen auf dem Tisch. Ina hat Servietten zu kleinen Schmetterlingen gefaltet und Kerzen angezündet. Sie trägt das schwarze, tief ausgeschnittene Nicki. Die Kreolen baumeln an ihren Ohren, und ihr Mund ist rot geschminkt.

Achim zieht die Motorradjacke aus. Er knöpft die Träger der blauen Arbeitshose ab, zieht den Reißverschluß auf, schiebt die Hose herunter und schüttelt sie von den Beinen.

»Die Sauna ist fertig«, sagt er. »Ich geh duschen.«

»Hast du nicht gehört?« fragt Ina. »Wir können Susanne ab Montag ...«

»Klar habe ich es gehört. Ich bin ja nicht taub. Soll ich mich vor Begeisterung umbringen?«

Er wirft das Unterhemd zu den anderen Sachen.

»Auf wen wartest du hier eigentlich? Auf deinen Vater?«

Die Tür knallt zu. Ina hört, daß im Bad das Wasser rauscht.

Sie pustet die Kerzen aus, bleibt im halbdunklen Zimmer sitzen und fühlt, wie Zorn in ihr aufsteigt. Langsam erhebt sie sich, geht ins Badezimmer und blickt auf den Mann hinab, der ausgestreckt in der Wanne liegt.

»Du bist ein Idiot«, sagt sie.

Rennen auf der Stelle. Schreien ohne Ton. Immer schneller, immer lauter. Plötzlich schrillt eine Glocke und zerreißt die Bilder. Ina fährt hoch. Sechs Uhr. Sie setzt sich im Bett auf und schüttelt sich. Widerlich, dieser Traum.

Achim liegt neben ihr, die Decke über dem Gesicht.

Wahrscheinlich schläft er noch, denkt Ina. Sie zupft am Deckbett und sieht, daß er sie unter seinen halbgeschlossen Lidern hervor fixiert.

»Gib mir einen Kuß«, murmelt er, hält ihre Hand fest und zieht sie zu sich hinüber.

»Nicht, Achim. Laß mich aufstehen.«

Ina stemmt die Hände gegen seine Brust.

»Kleines, meine Morgenlatte ist zu schade für die kalte Dusche.«

Er wälzt sich über sie.

»Du fährst einfach einen Zug später heute.«

Es hat keinen Zweck, denkt Ina. Laß ihn machen, dann ist er schneller fertig. Sie wendet den Kopf ab, um seinen Atem nicht zu riechen.

Er fällt von ihr herab.

Wie ein Blutegel, denkt Ina. Sie zieht ihr Bein unter seinem Bauch hervor, steht auf und geht ins Bad. Als sie in die Wanne steigen will, hört sie das Kind.

»Achim!« ruft sie. »Susanne ist wach! Wärm ihr die Flasche und wickel sie inzwischen. Ich komme gleich.«

Sie kniet sich in die Wanne und stellt die Dusche an. Eklig, wie dieses Sperma stinkt, denkt sie.

Als sie ins Schlafzimmer zurückkommt, hat Susanne ihre Flasche ausgetrunken. Noch im Schlafanzug, sitzt sie neben Achim und spielt mit seiner Armbanduhr. Achim hält die Uhr an Susannes Ohr.

»Ticktack, ticktack«, sagt er.

»Bist du verrückt!«, brüllt Ina ihn an. »Warum ist das Kind noch nicht angezogen? In einer Viertelstunde muß ich los, sonst schaff ich den nächsten Zug auch nicht!«

Sie reißt Susanne aus dem Bett und rennt mit ihr ins Kinderzimmer.

Susanne heult.

»**Morgen mußt du** das Kind aus der Krippe holen, Achim.«

»Geht nicht. Ich mach morgen länger.«

Ina läßt den Kugelschreiber aus der Hand fallen.

»Achim, erzähl keinen Mist. Du weißt doch, daß wir jeden Dienstag in der Studiengruppe ...«

»Ja, ja, ich weiß.«

Achim geht zum Kühlschrank und nimmt eine Flasche Bier heraus. Er öffnet sie und setzt sie an den

Mund. Ina hört, wie das Bier glucksend in seinen Hals rinnt.

Er dreht sich um.

»Paß auf, Ina, so klappt das nicht. Ich kann nur eins. Entweder ich sorge dafür, daß das Geld stimmt, oder ich mach hier den Hausmann. Beides kannst du nicht von mir verlangen.«

»Doch«, sagt Ina und schlägt mit der Hand auf den Küchentisch. »Ich muß es ja auch schaffen. Studieren und das Kind. Ich hab sowieso das meiste am Hacken.«

Achim rülpst.

»Hör auf mit dieser Leier. Weißt du was? Dein Studium kotzt mich an. Du tust immer, als bist du was Besseres, und hier bricht das Chaos aus. Warum bleibst du nicht zu Hause, bis Susanne in den Kindergarten kommt? Wie eine richtige Mutter? Meine Mutter hat auch …«

»Deine Mutter verpackt Kunstblumen in Sebnitz. Das kann jeder Analphabet, wenn er angelernt wird.«

»Na und?« stößt Achim hervor. »Na und! Muß doch jemand die Dreckarbeit machen. Kann nicht jeder ein Bonze sein wie dein Vater. Frag den doch, ob er morgen Susanne holt.«

»Mach ich auch«, sagt Ina leise, nimmt den Kugelschreiber in die Hand und blättert in ihrem Hefter. Sie beugt sich über den Küchentisch, rückt die Bücher zurecht und klopft mit dem metallenen Stift auf die Tischplatte. Tack, tack, tack.

Achim starrt sie an. Sie fühlt seinen Blick im Nacken und dreht sich um.

»Hau ab, Mensch«, sagt sie, ohne die Stimme zu

heben. »Geh Fußball gucken und laß mich arbeiten.«

»Arbeit!«

Achim stößt die Luft durch die Nase.

»Das nennt die Arbeit.«

Er lacht. Als er an Ina vorbeigeht, klopft er ihr auf die Schulter.

»Arbeite mit, plane mit, regiere mit, Genossin. Vielleicht schaffst du es ja. Streber bringen's weit.«

Die Küchentür knallt zu.

Alle sehen mich an. Ich muß etwas sagen, denkt Ina. Aber was?

Die Zunge liegt ihr wie Blei im Mund. Sie senkt den Kopf.

»Jedenfalls geht es so nicht weiter, bei allem Verständnis für junge Mütter.«

Matthias, der Parteisekretär, redet in die Stille hinein. Ina hört ihm nicht mehr zu.

Blödmann, denkt sie, der hat es gerade nötig. Wohnt noch bei seinen Eltern. Und hier spuckt er große Töne.

»… daß du höchstens zu jeder zweiten Parteiversammlung erscheinst. Du bist doch verheiratet. Du hast also jemanden, der sich um das Kind kümmern kann …«

Wenn die wüßten, denkt Ina. Achim springt mir an den Hals. Allein das Wort Partei bringt den schon auf die Palme. Das können die sich hier gar nicht vorstellen.

»… einen Sonderstudienplan, damit Ina die Möglichkeit hat, Studium und Familie besser …«

Was reden die hier? Ich bin doch gar nicht so schlecht. Da gibt es ganz andere. Warum beißen die sich an mir fest?

Ina fühlt, wie ihr die Tränen in die Augen steigen. Reiß dich zusammen, denkt sie, bloß jetzt nicht heulen.

»... erwarte ich aber wirklich, Ina, daß du etwas dazu sagst. Wir sitzen hier nicht zum Spaß. Wir wollen die Sache vom Tisch haben. Wenn du Hilfe brauchst, dann ist deine Parteigruppe genau die richtige Adresse ...«

Ina richtet sich auf und atmet ein paarmal tief durch. Sie sieht niemanden an. Sie heftet ihren Blick auf die Tafel hinter Matthias. Ganz oben links steht noch das Datum. 2.11.1983.

Das war vorgestern, denkt sie. Keiner hat es abgewischt.

»Ich bin euch dankbar, daß ihr euch Sorgen macht. Aber ich schaffe es schon. Meine Eltern betreuen Susanne, wenn es nötig ist. Heut ist Susanne bei ihnen und während der Prüfungsvorbereitung auch.«

Ina macht eine kurze Pause. Sie will erklären, daß Achim mit seiner Feierabendbrigade alles daran setzt, das Wohnungsbauprogramm ... zu verwirklichen, ja, das klingt gut. Aber sie merkt, die anderen geben sich zufrieden. Keine weiteren Fragen. Sie gehen zum nächsten Tagesordnungspunkt über.

Erleichtert lehnt Ina sich zurück und schaut verstohlen nach der Uhr. In zwanzig Minuten fährt der Zug nach Bad Schandau.

Den krieg ich noch, denkt sie.

Verdammt. Da fährt er.

Ina bleibt mitten auf der Treppe stehen. Sie sieht dem Zug nach.

Es ist kalt auf dem Bahnhof. Es zieht. Weit und breit kein Mensch.

Ina setzt sich auf eine Bank und sucht in der Tasche nach den Zigaretten. Sie zündet sich eine an, raucht und starrt vor sich hin.

Was mach ich jetzt? überlegt sie. Ach, einfach hier sitzen. Bis der nächste Zug kommt. Warten.

Nein. Ich muß telefonieren, damit sie sich nicht wundern, wo ich bleibe.

Sie steht auf, geht den Bahnsteig entlang bis zur Treppe, steigt die Stufen hinab und läuft durch den Tunnel, in dem es nach Bier und Urin riecht. In der Halle findet sie ein Telefon, das funktioniert.

»Ich bin es, Mutti, ich habe den Zug verpaßt.«

Ina zieht die Tür hinter sich fester zu, als stünde da jemand, der mithören könnte.

»Doch, das stimmt.«

Dieser Zweifel in der Stimme der Mutter, als ob jedes Wort eine Lüge sei, dieser leidvolle Ton, in dem Vergebung schon mitschwingt. Ina möchte den Hörer loslassen, einfach fallenlassen.

»Nein, Mutti. Ich bade sie zu Hause. Ihr könnt aber schon mit Susanne Abendbrot essen.«

Jemand klopft an die Scheibe. Ein Mann. Er zeigt auf seine Armbanduhr und gestikuliert.

»Ich muß Schluß machen, Mutti, hier will einer telefonieren. Bis nachher.«

Langsam geht Ina zurück zum Bahnsteig und setzt sich wieder auf die Bank. Lust auf eine Zigarette hat sie jetzt nicht. Sie schaut auch nicht auf den Fahrplan.

Mag der Zug kommen, wann er will, denkt sie. Am besten, er käme gar nicht, und ich könnte hier sitzen bleiben bis in alle Ewigkeit.

»Wach auf!«

Eine Hand rüttelt Inas Schulter. Sie schrickt hoch, streicht sich das schweißverklebte Haar aus dem Gesicht.

»Du hast wieder gestöhnt und geredet. Ganz deutlich. Ich hab alles verstanden.«

Ina starrt ihren Mann an.

»Du hast mich belauscht.«

»Ach, Quatsch!«

Achim knipst die Nachttischlampe an und springt aus dem Bett.

»Belauscht? Du warst gar nicht zu überhören. Hast mich aufgeweckt mit deinem Geschrei. Ganz gut so. Jetzt weiß ich endlich, was los ist.«

Er greift nach den Zigaretten, zündet sich eine an, setzt sich auf die Bettkante und raucht.

»Ihr kotzt mich alle an, du und deine rote Sippschaft. Dein Vater, das große Vorbild ... Dabei hat er dich langgelegt! Mit der eigenen Tochter geschlafen! Ja! Guck nicht so! Ich weiß es jetzt! Hast es mir ja eben gebeichtet, im Schlaf. Und nicht nur heute nacht! Schon hundert Mal! Ich hab es nur nicht begriffen.«

Er lacht auf.

»Achim, du spinnst. Das war doch bloß ein Traum ... Dummes Zeug, ich weiß auch nicht ...«

Ina stottert. Sie muß etwas sagen, ihn zum Schweigen bringen. In ihrem Kopf flattert alles. Gedankenfetzen, halbe Sätze. Nichts, was taugt. In diesem Moment.

»Ich bin hier nur der Ersatzmann, na klar. Zweite Wahl. An deinen Vater komm ich natürlich nicht ran, an den Herrn Parteisekretär in der Schule. Der große Reden schwingt und zu Hause seine Tochter fickt …«

Ina hält sich die Ohren zu.

»Hör auf«, sagt sie leise.

»Denk bloß nicht, ich halte mein Maul. Ich bin nicht wie du. Morgen früh zeige ich ihn an. Kriminell ist der, damit du es weißt! Der muß in den Knast! Ich bring ihn rein. Und dann ist Ruhe.«

Hin und her läuft der Mann in dem schmalen Schlafzimmer, schlägt mit der Faust gegen den Kleiderschrank.

Ina hat Angst. Beruhigen, schießt es ihr durch den Kopf, du mußt ihn beruhigen. Sie taumelt hoch, hin zu dem Mann. Der stößt sie fort.

»Faß mich nicht an!«

Ina fällt aufs Bett.

Er beugt sich vor, blickt auf sie herab und zischt: »Solche Schweine wie deinen Vater müßte man an die Wand stellen. Einfach abknallen. Für den ist der Knast viel zu schade.«

Sein Speichel trifft sie.

»Euch alle müßte man niedermachen, dich und dein ganzes verlogenes Pack!«

Durch die Wand dringt Weinen herüber. Das Kind! Ina schiebt den Mann beiseite und läuft nach nebenan. Susanne sitzt in ihrem Bettchen. Ina kniet sich neben sie, steckt Susanne den Nuckel in den Mund, legt sie hin und streicht ihr über den Kopf. Immer wieder, mit fahrigen Händen.

Das Kind schläft ein.

Ina hockt neben dem Bettchen. Ihr Herz rast.

Der haßt uns, hämmert es in ihrem Hirn, der haßt uns, der haßt uns.

Als sie ins Schlafzimmer zurückkehrt, zitternd vor Angst und Kälte, liegt Achim im Bett. Er hat das Licht ausgeschaltet und kehrt ihr den Rücken zu. Wie angewurzelt bleibt sie in der Tür stehen.

Jetzt ist es aus, denkt sie. Er tut es wirklich. Ich kann nichts machen. Ich kann überhaupt nichts mehr machen.

Die Angst sitzt im Bauch. Langsam steigt sie höher und nimmt Ina die Luft. Sie starrt auf den schlafenden Mann. Ihr Blick verschwimmt. Blind tastet sie nach ihren Sachen, zieht sich an und verläßt die Wohnung.

Wie spät es ist, weiß sie nicht. Daß sie den Weg zum Elbufer einschlägt, merkt sie nicht. Bleiern liegt der Fluß im Mondlicht, kalt und still. Nur ein Gedanke in ihrem Kopf: Das darf er nicht tun. Du mußt verhindern, daß er Vati verrät. Verhindern. Irgendwie.

Lautlos öffnet Ina die Wohnungstür. Steht im Flur und horcht. Es ist still.

Ihr Blick fällt auf das Winkeleisen im Regal. Kalt fühlt es sich an. Ihre Finger umschließen es wie eine Klammer. Sie betritt das Schlafzimmer.

Der Mann schnarcht leise. Sie hat seinen Namen vergessen. Sie hebt den Arm und schlägt das Eisen auf den Kopf des schlafenden Mannes. Bleiern. Wie der Fluß. Sie wiederholt die Bewegung, bis die Kraft sie verläßt. Dann sinkt sie zusammen. Lautlos.

Das Licht der Laterne dringt durch die Vorhänge. Ein dunkler Fleck auf dem Kopfkissen. Etwas tropft.

Wach auf, Ina, denkt sie.

Das war ich nicht. Das kann ich nicht getan haben.

Ina kriecht in sich zusammen, preßt die Fäuste auf die Augen, bis grelle Blitze unter ihren Lidern zukken.

Er ist schuld. Er wollte uns verraten. Man verrät die Familie nicht.

Ein wütender Schmerz löst sich, steigt in den Hals und bricht aus ihr heraus, halb Schluchzen, halb Schrei.

»Vati! Hilf mir!«

Was soll ich bloß tun?

Ina tastet über den Fußboden. Feucht ist es überall und klebrig. Ihr wird schlecht. Sie beißt die Zähne zusammen. Steh auf, denkt sie. Mach kein Licht an.

Langsam erhebt sie sich. Einen Fuß vor den anderen setzend, geht sie schnurgerade durch das Zimmer bis zur Tür, die Augen auf die Klinke gerichtet. Leise schließt sie die Tür hinter sich und dreht den Schlüssel um.

Im dunklen Badezimmer setzt sie sich auf den Rand der Wanne und lauscht dem vertrauten Geräusch des Wassers. Es beruhigt sie. Sie beugt sich vor und hält sich die Brause über den Kopf. Das Wasser ist kalt. Eiskalt. Sie erträgt es.

In der Küche wärmt Ina die Flasche für Susanne. Sie weckt das Kind, zieht es an, gibt ihm zu trinken und setzt es in den Wagen.

Als sie zur Krippe kommt, ist dort noch geschlossen. Ina hebt den Kopf und schaut nach der Kirchturmuhr. Zehn vor sechs. Um sechs Uhr macht die Krippe auf.

Ohne innezuhalten, schiebt Ina den Wagen vor sich her, immer die Turmuhr im Blick. Punkt sechs dreht sie auf dem Absatz um und fährt Susanne zurück zur Krippe. Sie drückt das Kind der Erzieherin in den Arm, legt die frischen Windeln in das Fach und geht.

Zuerst in den Keller. Dort liegt neben einem Zeitungsstapel die alte Zeltplane. Sie ist voller weißer Farbkleckse vom Renovieren. Ina steckt sie in den Einkaufsbeutel und trägt sie hoch in die Wohnung. Im Flur lehnt sie den Beutel an die Wand, geht in die Küche und gießt sich ein Wasserglas voll Wodka ein. Sie nimmt einen großen Schluck. Es brennt in der Kehle. Sie räuspert sich.

Wo war der Trainingsanzug? In der Wäschetruhe. Im Schlafzimmer. Ina zieht sich aus. Nackt steht sie vor der Schlafzimmertür.

Los jetzt, du mußt dich beeilen.

Sie öffnet die Tür, nimmt den Anzug aus der Truhe und streift ihn sich über. Sie blickt nicht auf.

Aus dem Flur holt sie den Beutel, nimmt die Plane heraus, schüttelt sie und legt sie in die leere Truhe. Sie schiebt die Truhe an das Bett. Dann steigt sie aufs Bett, bückt sich, greift unter die Schultern des leblosen Körpers, hebt ihn an und zerrt ihn über die Truhe. Der Kopf fällt zur Seite. Es tropft immer noch. Sie läßt den Körper in die Truhe gleiten. Die Beine hängen heraus.

Im Keller steht das Beil und hinter dem Küchentisch das große Zeichenbrett. Ina holt beides. Sie hievt den Körper aus der Truhe, schiebt das Brett unter die Beine und schlägt mit dem Beil auf die Stellen unterhalb der Knie, bis sie Knochen und Sehnen durchgetrennt hat.

Ich hätte die Plane unter das Brett legen müssen. Jetzt ist auch hier alles naß. Zu spät.

Sie packt den Körper wieder und läßt ihn in die Truhe hinab. Das Laken schlägt sie über dem Brett zusammen, hält mit der Hand den blutigen Stoff fest und zieht das Brett darunter hervor. Sie legt das Bündel in die Truhe und stopft die Plane rings um den Körper an den Seiten fest. Sie greift nach dem Deckel und schließt ihn.

Die Bettwäsche steckt sie in die Waschmaschine. Die Matratze trägt sie in die Badewanne und schrubbt mit einer Bürste, bis von den Flecken nichts mehr zu sehen ist. Den Fußboden wischt sie auf.

Beim vierten Mal bleibt das Wasser klar.

Ina zerrt die Truhe in den Hausflur.

Sie lauscht. Alles still. Keiner da.

Mit beiden Händen faßt sie einen Griff und läßt

die Truhe Stufe um Stufe hinabrutschen, bis zur Haustür. Das Poltern macht ihr angst.

Vor dem Haus steht das Rad. Den Anhänger hat Ina bis dicht an die Haustür geschoben und die Räder mit Ziegelsteinen blockiert. Trotzdem gibt er nach, als sie versucht, die Truhe auf die Ladefläche zu schieben. Sie dreht den Anhänger um und stützt ihn an der Hauswand ab.

So geht es.

Es ist nachmittags um drei, als Ina das Dorf verläßt.
Niemand begegnet ihr.

Sie fährt zur Müllkippe, umrundet das Gebiet auf einem schmalen Trampelpfad und hält ganz am Ende der Kippe an. Ein ausgeschlachteter Kühlschrank liegt zwischen den Büschen, ein aufgeplatztes Sofa. Die einzigen größeren Teile, zwischen denen die Truhe nicht sofort auffällt.

Ina löst den Anhänger vom Rad und zieht die Truhe herunter. Sie schiebt die Truhe hinter das Sofa und läuft zum Pfad zurück, um zu kontrollieren, ob man sie von dort aus sehen kann.

Man sieht sie nicht. Das Sofa verdeckt sie.

Es ist um vier, als Ina Susanne aus der Krippe holt.

»Alles wird gut«, flüstert sie und drückt das Kind an sich.

»Achim ist nicht nach Hause gekommen.«
Noch auf der Treppe stößt Ina den Satz hervor. Sie sieht sich wie in einem Film auf den Stufen stehen. Nahaufnahme. Die Augen groß, verschwimmend.

»Wieso?« fragt die Mutter und nimmt Ina das Kind ab.

»Ich weiß auch nicht. Gestern abend …«, hört Ina sich sagen, und ein Vibrieren in ihrer Stimme kündigt die Tränen an.

»Komm erst mal rein, Kind.«

Verstohlen blickt die Mutter nach links und rechts, als stünde da jemand und könne ein Wort aufschnappen, einen Blick erhaschen. Sie zieht Ina in den Korridor, schließt die Haustür und ruft: »Horst, kommst du mal?«

In der Küche wiederholt Ina den Satz.

»Achim ist nicht nach Hause gekommen.«

Stille.

Die Eltern sehen sie an.

Wieder dieses drängende Gefühl. Du mußt jetzt etwas sagen.

Inas Kopf ist leer. Sie hat sich nichts ausgedacht, nichts zurechtgelegt. Das war ein Fehler, merkt sie. Das darf nicht passieren.

»Er ist gestern abend noch mal losgegangen, als ich ins Bett bin. Er wollte eine Runde drehen und irgendwo einen Schluck trinken. Einen Schlaftrunk, hat er gesagt.«

Es geht, denkt Ina. Es geht ganz leicht. Los, weiter, gib dir Mühe.

»Als ich früh aufwachte, war sein Bett noch zugedeckt. Ich hatte es gerade frisch bezogen. Er hat es nicht benutzt. Natürlich war ich sauer. Aber daß er jetzt immer noch nicht da ist, das begreife ich einfach nicht. Hoffentlich ist ihm nichts passiert.«

Jetzt laufen die Tränen. Endlich.

Ina wendet sich ab und sucht nach ihrem Taschentuch. Sie findet es nicht.

»Das ist nichts für das Kind.«

Die Mutter hebt Susanne hoch, die neben der Spüle auf der Erde sitzt und die Schachtel mit den Knöpfen ausschüttet, ihr Lieblingsspielzeug. Susanne strampelt und will zurück zu den Knöpfen.

Ina bückt sich, fegt mit den Händen ein paar Knöpfe zusammen und gibt sie Susanne. Zufrieden läßt Susanne sich hinaustragen.

»Hast du bei seinen Eltern angerufen?« fragt der Vater. »Vielleicht ist er da? Und bei der Wohnungsverwaltung? War er denn arbeiten?«

»Nein«, sagt Ina leise, fast flüstert sie. »Ich habe nirgends angerufen. Ich wollte doch nicht, daß die halbe Welt erfährt ...«

Der Vater erhebt sich. Er geht auf Ina zu. Wie in Zeitlupe sieht sie ihn kommen. Schluchzend läßt sie sich fallen, umklammert seinen Hals.

»Hilf mir, Vati ...«

»Ja, Töchting, ja. Beruhige dich.«

Er streichelt ihren Rücken und wiegt sie sanft hin und her. Ohne sie loszulassen, greift er in die Hosentasche und gibt ihr sein Taschentuch. Ina hält es sich vor Mund und Nase, schließt die Augen und atmet tief den Geruch des Rasierwassers ein, der dem Tuch entströmt. Lange stehen sie so.

»Gut«, sagt der Vater und strafft sich.

»Du gehst jetzt ins Wohnzimmer zu Suse und Mutti, und dann macht ihr zusammen Abendbrot. Ich erledige das mit den Anrufen. Nach dem Essen bringe ich Suse und dich nach Hause. Vielleicht ist Achim längst da und wundert sich, wo ihr bleibt.«

Die Fenster sind dunkel. Aber das Motorrad steht an der Hausecke, beim Wäscheplatz.

»Siehst du«, sagt der Vater erleichtert und nimmt Ina in den Arm, »da ist sein Motorrad. Er wartet bestimmt schon auf euch.«

»Ja«, sagt Ina. »Komm lieber nicht mit hoch, Vati. Danke, daß du uns nach Hause gebracht hast.«

»Ist doch selbstverständlich.«

Der Vater streicht Susanne über den Kopf, kneift sie leicht in die Wange und sagt: »Du mußt mit deinem Papa mal ein ernstes Wort reden, Suse. Solche Eskapaden gehören sich für ein Familienoberhaupt nicht.«

Am nächsten Morgen fährt Ina nach Bad Schandau. Sie gibt bei der Polizei eine Vermißtenanzeige auf. Sie nennt die Adressen der Arbeitskollegen von Achim. Empört verneint sie die Frage, ob er ein Verhältnis mit einer anderen Frau habe, und ärgert sich über das nachsichtige Lächeln der beiden Uniformierten. Sie beschreibt ihnen, was Achim trug, als er das Haus verließ. Etwas Besonderes sei ihr nicht aufgefallen an ihrem Mann, versichert sie. Sie könne sich sein Verschwinden nicht erklären.

Während der Befragung preßt sie die Hände zusammen, daß ihre Fingerknöchel weiß unter der Haut hervorscheinen.

»Keine Panik, junge Frau. Es ist schon so mancher verschwunden und nach drei Tagen aus einem Vollrausch aufgewacht.«

Der jüngere der beiden Volkspolizisten legt seine Hand tröstend auf ihren Arm.

»Wir finden Ihren Göttergatten.«

Zu Hause packt Ina die blauen Jeans, das karierte Arbeitshemd, Socken, Unterwäsche, die Halbschuhe und die Lederjacke in einen Pappkarton. Sie verschnürt ihn. Da sieht sie auf der Kommode im Flur den Ausweis liegen und das Schlüsselbund. Sie löst die Schnur, klappt den Karton wieder auf und steckt beides in eine Jackentasche.

Wohin mit dem Paket? Auch auf die Müllkippe? Nein, nicht noch einmal dorthin. Am besten, ich nehm es mit nach Dresden und stecke es auf dem Bahnhof in ein Schließfach. Den Schlüssel schmeiß ich weg.

Nein, fährt es ihr durch den Kopf, das geht nicht. Da ist ja der Ausweis drin. Und das Schlüsselbund! Also noch einmal auspacken.

Ina legt den Ausweis auf die Kehrschaufel und zündet ihn an. Sie schaut zu, wie er verbrennt.

»Oh, er hat eine Besprechung im Lehrerzimmer. Ich stell das Gespräch durch, Frau Krüger.«

Ina wartet auf das Knacken in der Leitung, doch die Schulsekretärin legt noch nicht auf.

»Tut mir leid, Frau Krüger, das mit Ihrem Mann. Aber der kommt wieder, ganz bestimmt. Wissen Sie, bei meiner Schwester war auch mal ...«

»Ja«, sagt Ina, »ich weiß. Geben Sie mir bitte meinen Vater?«

Alle sind entsetzt, erzählt der Vater am Telefon, das ganze Dorf. Niemand hat Achim gesehen. Keiner weiß, wo er sein könnte und warum er verschwand. Die Genossen suchen ihn, und sie werden ihn finden. Wenn Ina Hilfe braucht, soll sie ein Zeichen geben.

Ina gibt kein Zeichen.

Jeden Morgen bringt sie Susanne in die Krippe. Jeden Tag fährt sie nach Dresden und sitzt im Seminar. Jeden Abend holt sie das Kind, versorgt es und legt es ins Bett.

Tapfer, die junge Frau, tuschelt man sich im Dorfe zu, wie gut sie sich hält bei dem Kummer. Tja, wenn man ein Kind hat, darf man sich nicht gehenlassen.

»Sind Sie Ina Krüger?«

Zwei Männer stehen vor der Wohnungstür. Sie tragen keine Uniform.

»Kriminalpolizei. Bitte kommen Sie mit. Wir haben Ihren Mann gefunden.«

Ina tritt einen Schritt zurück.

Seltsam, denkt sie, ich müßte doch jetzt einen Schreck kriegen, einen furchtbaren Schreck. Ich müßte schreien oder umfallen. Warum passiert das denn nicht? Was soll ich jetzt machen? Was macht man denn in so einer Situation?

»Haben Sie mich verstanden, Frau Krüger?« fragt der eine, greift nach Inas Arm und schüttelt ihn ein bißchen.

»Ja«, sagt Ina.

»Dann kommen Sie, bitte.«

»Nein«, sagt Ina. »Ich kann nicht. Ich muß meine Tochter erst in die Kinderkrippe bringen.«

»Wir begleiten Sie«, sagt der andere, »ziehen Sie das Kind an. Beeilen Sie sich.«

Sie ist in Sicherheit, denkt Ina, und mit einem Seitenblick mustert sie die beiden Männer, als sie zwischen ihnen zum Auto geht.

Susanne kriegt ihr nicht.

Fassungslos steht die Mutter in der Tür, Susanne auf dem Arm. Sie schaut Ina nach, sieht, wie die Tochter ins Auto steigt. Es ist ein weißer Wartburg mit Dresdner Kennzeichen.

»Wink mal, Suse«, sagt sie, als das Auto anfährt.

»Wieso trug Ihr Mann einen Pyjama, als wir ihn fanden? Wie erklären Sie das?«

Der Mann, der sich als Leutnant Dennert vorgestellt hat, geht im Zimmer auf und ab. Hinter Ina bleibt er stehen. Sie hört, wie er sich streckt. Es knackt ein bißchen in seinen Gelenken.

»Antworten Sie bitte, Frau Krüger.«

Ina dreht sich um, sieht ihn an und wiederholt zum dritten Mal mit fester Stimme: »Ich weiß es nicht.«

Es klopft an die Tür, der Mann wird hinausgerufen. Ein Polizist in Uniform betritt den Raum und lehnt sich ans Fenster, Ina genau gegenüber. Schweigend beobachtet er sie, die Arme über der Brust gekreuzt.

Eigenartig, denkt Ina. Als ob ich das alles gar nicht wirklich erlebe. Als ob ich in mir drin sitze und zu meinen Augen aus mir herausschaue. Es berührt mich nicht. Es läßt mich kalt. Sie können mir überhaupt nichts tun.

Der Mann, der Dennert heißt, kehrt zurück. Er setzt sich hinter seinen Schreibtisch und schaut Ina lange an. Als wolle er sie ergründen. Sie hält dem Blick stand.

»Ich habe eine Haussuchung in Ihrer Wohnung durchführen lassen. Man hat Blutspuren im Schlafzimmer gefunden, auf dem Fußboden und an der Wand. Es ist das Blut Ihres Mannes, Frau Krüger. Ich bin sicher, daß unser Labor das bestätigt.«

Leutnant Dennert lehnt sich zurück und läßt Ina nicht aus den Augen.

»Was haben Sie dazu zu sagen?«

»Gar nichts.«

Reglos sitzt Ina auf ihrem Stuhl. Plötzlich hebt sie den Kopf und ein Lächeln huscht über ihr Gesicht.

»Soviel ich weiß, kann man die Aussage verweigern. Das werde ich jetzt tun.«

Sie richtet sich kerzengerade auf.

»Ich verweigere die Aussage.«

Als Ina das sagt, empfindet sie so etwas wie Stolz. Die Worte klingen bedeutend, anklagend fast.

Der Mann schüttelt den Kopf.

»Das ist Ihr Recht, Frau Krüger«, sagt er, »aber ich fürchte, es wird Ihnen nichts nützen.«

Er nickt dem Uniformierten am Fenster zu.

»Wir machen Schluß für heute. Bring sie runter, Genosse.«

Ina steht auf. Ehe sie den Mund zu einer Frage öffnen kann, kommt ihr der Mann zuvor.

»Ja, Frau Krüger. Sie bleiben hier. In Anbetracht der Sachlage können wir Sie natürlich nicht nach

Hause schicken. Ich denke, morgen früh liegt der Haftbefehl vor.«

Er öffnet die Tür, läßt Ina und den Uniformierten an sich vorbeigehen und sagt: »Ihre Eltern werde ich verständigen, obwohl das nicht meine Pflicht ist. Machen Sie sich also darüber keine Sorgen.«

Die Zelle. Eine Holzpritsche. Darauf eine Matratze und zwei Decken. Hinter Ina kracht die Tür ins Schloß.

Ohne sich auszuziehen, legt sie sich auf die Matratze, schiebt die eine Decke unter ihren Kopf, die andere breitet sie über sich. Die vergitterte Glühbirne über ihr erlischt. Ina schließt die Augen und fällt in den Schlaf wie in ein Netz, das sie auffängt.

Ein schepperndes Geräusch läßt sie hochfahren. Sekundenlang muß Ina sich besinnen, wo sie ist.

Eine Klappe in der Tür hat sich geöffnet.

»Aufstehen!« ruft jemand.

Ina springt auf und greift nach der roten, mit Wasser gefüllten Plastikschüssel, die ihr durch die Öffnung gereicht wird. Eine Hand legt eine Zahnbürste, eine Tube mit Zahnpasta, Seife und ein zusammengefaltetes Handtuch auf die heruntergelassene Klappe. Ina nimmt die Sachen, und sofort schließt sich die Klappe. Schritte entfernen sich.

Ina bleibt vor der metallenen Tür stehen und lauscht. Die Schritte sind verklungen, kein Laut ist zu hören. Sie umschließt mit beiden Händen den Spion, versucht, hindurchzusehen nach draußen, auf den Gang. Sie kann nur ein verzerrtes, gelbliches Leuchten erkennen. Es scheint niemand da zu sein.

Sie geht die zwei Schritte bis zur Pritsche, streift den Pullover ab und wäscht sich Gesicht und Arme. Ihr Hemd wird naß dabei, aber sie zieht es nicht aus. Immer wieder blickt sie zu dem Spion in der Tür, der wie ein Auge auf sie herabschaut.

Wenig später öffnet sich die Klappe noch einmal. Jemand schiebt ihr einen Becher Tee und zwei Marmeladenbrote durch die Luke. Sie sieht nur die Hände. Es sind Männerhände.

Ina hat Hunger. Im Nu ißt sie die Brote auf. Die Hälfte des Tees läßt sie übrig. Sparsam sein, nimmt sie sich vor. Wer weiß, wann es wieder etwas gibt.

Sie lehnt sich an die Wand und zieht die Beine zu sich hoch auf die Pritsche. So bleibt sie sitzen. Sie denkt an nichts.

Irgendwann wird die Tür aufgerissen.

»Frau Krüger, zur Vernehmung!« hört sie, und als sie aufblickt, erkennt sie den Uniformierten, der sie gestern bewachte. Er dirigiert sie durch den Gang und über die Treppe ins nächste Stockwerk, wo Leutnant Dennert sie erwartet.

»**Wir werden nicht länger das Vergnügen miteinander haben,** Frau Krüger«, sagt er. »Hier ist der Haftbefehl. Den müssen Sie unterschreiben, und dann werden Sie in die U-Haft überstellt. Die Genossen dort freuen sich schon auf Sie.«

Unbewegten Gesichts reicht er Ina ein Stück Papier über den Tisch. Sie unterschreibt es, ohne es zu lesen. Als sie sich aufrichtet, winkt er den Uniformierten heran. Der hält ihr etwas silbrig Glänzendes entgegen. Handschellen. Ina fährt zurück.

»Strecken Sie die Arme vor, machen Sie schon«, fordert der Uniformierte.

Ina gehorcht. Die Eisen klicken um ihre Handgelenke. Sie läßt die Arme sinken. Der Uniformierte greift nach ihrem Ellenbogen und führt sie aus dem Zimmer.

Im Hof wartet ein dunkelgrüner Barkas mit angelassenem Motor; die Schiebetür steht offen. Der Uniformierte hilft Ina in das Auto. Als sie sich auf die Sitzbank fallen lassen will, hält er sie zurück.

»Sie müssen hier rein«, sagt er und öffnet ein halbhohes Türchen an der Seite.

Ina bückt sich und kriecht in den winzigen Verschlag, in dem sie nur mit angezogenen Beinen, den Kopf auf die Knie gelegt, Platz findet. Die kleine Tür wird geschlossen.

Gleich krieg ich keine Luft mehr, denkt Ina. Gleich muß ich ersticken.

Sie atmet vorsichtig, in flachen Zügen, und zählt dabei. Eins, zwei, drei, vier …

Das Auto fährt an. Ina hebt den Kopf ein wenig und schaut auf ihre Uhr. Im Halbdunkel kann sie die Ziffern gerade noch erkennen. Zehn Minuten nach acht ist es.

Die Frau nimmt ihr die Handschellen ab. Ina reibt ihre Handgelenke, aber die roten Druckstellen gehen nicht weg.

»Ziehen Sie sich aus«, sagt die Frau.

Ina erschrickt.

Zögernd streift sie den Pulli ab, das Hemd, steigt aus der Hose und legt die Sachen auf einen Stuhl.

Untersucht die mich jetzt? Ist das eine Ärztin?

»Den Schlüpfer auch«, verlangt die Frau.

Ina gehorcht. Splitternackt steht sie in dem kleinen Raum mit dem vergitterten Fenster. Draußen scheint die Sonne.

Die Frau geht langsam um Ina herum.

»Beugen Sie sich nach vorn«, befiehlt sie.

Ina tritt einen Schritt zur Seite, um nicht an den Tisch zu stoßen.

»Halt!« ruft die Frau, und es ist das erste Mal, daß sie die Stimme hebt. »Tun Sie nur, was ich Ihnen sage. Verstanden?«

Ina nickt und läßt ihren Oberkörper nach vorn fallen. Durch die leicht gespreizten Beine sieht sie die Frau hinter sich stehen. Der grüne Uniformrock bedeckt ihre Knie. Ihre Füße stecken in schwarzen Pumps.

»Ziehen Sie mit den Händen die Gesäßbacken auseinander. Und dann gehen Sie dreimal in die Hocke.«

Um Gottes willen, was soll das, denkt Ina. Was läßt die mich hier für widerliche Übungen machen?

»Gut«, sagt die Frau, »Sie können sich wieder anziehen.«

Ina erhebt sich mit rotem Kopf, greift nach ihren Sachen und zerrt sie sich schnell über den Leib.

Die Frau, immer drei Schritte entfernt und ein wenig hinter ihr stehend, lächelt.

»Setzen Sie sich«, sagt sie.

Ina setzt sich auf den einzigen Stuhl, der im Raum steht. Sie hört, wie die Frau an sie herantritt, nicht zu nah, und spürt, wie sie ihr mit den Händen durch die Haare fährt, ihre Ohren abtastet.

»Sie gucken wie ein Schaf auf der Schlachtbank«, sagt die Frau plötzlich. »Das ist wohl Ihre erste Leibesvisitation, was?«

»Ja«, flüstert Ina.

»Ihren Schmuck und die Uhr stecken Sie hier in diesen Beutel.«

Die Frau reicht ihr eine durchsichtige Plastiktüte.

»Den Gürtel und die Schnürsenkel auch.«

Ina streift den Ehering ab und den kleinen goldenen mit dem Türkis, den sie von den Eltern zur Jugendweihe bekam. Ihre Finger zittern. Sie reißt an dem dünnen Lederband der Uhr. Endlich geht es auf, und sie läßt die Uhr in die Tüte fallen. Sie zieht ihren Gürtel aus den Schlaufen, rollt ihn zusammen und legt ihn auf den Tisch.

»Schnürsenkel habe ich nicht«, sagt sie.

Die Frau geht zur Tür, winkt den draußen wartenden Uniformierten hinein und deutet auf Ina. Der greift nach den Handschellen und läßt sie um Utes Gelenke schnappen. Dann hebt er kurz das Kinn.

Das heißt mitkommen, denkt Ina.

Schon fast im Flur, dreht sie sich noch einmal um.

»Auf Wiedersehen«, sagt sie.

Die Frau antwortet nicht.

»In Privatklamotten kommt die, das gibt's nicht.«

Eine Brünette springt vom Bett.

»Ich bin Karin«, sagt sie. »Die anderen heißen Rita und Chris.«

Ina steht mitten in der Zelle. Das Bündel mit Bettwäsche, Drillichzeug und ein paar Toilettensachen drückt sie an die Brust wie einen Schild. Sie sieht den Tisch, vier Stühle, zwei Doppelstockbetten, das Klo in der Ecke und das Waschbecken daneben. Sie kann die beiden anderen Frauen kaum erkennen. Eine Blende vor dem Fenster läßt nur wenig Licht in den Raum.

Die Brünette, fast einen Kopf kleiner als Ina, rüttelt sie an der Schulter. »He, faß dich. Sag mal, wie du heißt.«

»Ina Krüger.«

»Da oben ist dein Bett, Ina. Die andern sind alle belegt. Deinen Kram kannst du in den Spind pakken. Das unterste Fach ist noch frei.«

Die duzt mich, als ob wir uns schon lange kennen, denkt Ina. Was soll ich jetzt machen? Was muß ich sagen?

Sie schaut die Frauen in den blauen Arbeitsanzügen an. Karin begegnet ihrem Blick. Die beiden am Tisch nehmen keine Notiz von ihr.

»Seid ihr schon lange hier?« fragt Ina vorsichtig.

»Rita ist am längsten drin«, antwortet Karin bereitwillig. »Nächste Woche findet ihre Verhandlung statt. Chris kam erst ...«

»Kümmer dich um deinen eigenen Scheiß und quatsch nicht so viel«, schnauzt die Frau mit dem Namen Chris, ohne den Kopf zu wenden.

Karin verstummt.

Ina legt das Wäschebündel aufs Bett, breitet das Laken aus und bezieht die dünne Decke mit dem blau-weiß karierten Leinen. Das Waschzeug und die blaue Kombi stopft sie in das freie Schrankfach.

»Besser, du ziehst den Anzug an. Sonst machen sie dich abends beim Einschluß gleich an. Deine eigenen Sachen wirst du morgen sowieso los. Da kannst du Gift drauf nehmen«, flüstert Karin ihr zu.

Ina wendet sich ab, als sie die Hose und den Pulli auszieht.

»Menschenskind, vor uns brauchst du dich nicht zu schämen. Wir gucken dir schon nichts ab«, hört sie Chris sagen. Aber sie dreht sich erst um, als sie die Kombi zugeknöpft hat.

Jetzt sehe ich genauso aus wie die anderen hier, denkt sie.

Sie würde gern zum Fenster gehen und nachsehen, ob die Blende wirklich alles verdeckt. Doch da steht der Tisch, an dem die beiden Frauen sitzen. Ina traut sich nicht in ihre Nähe.

Wer weiß, was die getan haben, denkt sie. Bestimmt etwas Schlimmes.

»So ein Tag, so wunderschön wie heute. So ein Tag, der dürfte nie vergehen«, grölt eine Männerstimme in der Dunkelheit, unterbrochen von brüllendem Gelächter.

Ina setzt sich hin im Bett.

»Was ist denn das?« flüstert sie in Karins Richtung. »Wo kommt das her?«

»Das sind die Kerle. Die machen sich wieder ihren Spaß. Wenn's dir auf den Geist geht, mußt du die Finger in die Ohren stecken.«

Die Stimme, die ihr antwortet, kommt aus dem unteren Bett. Es ist Ritas Stimme.

»Kerle? Ich dachte, das ist ein Frauengefängnis.«

»Meine Güte«, seufzt Rita, »du hast aber auch gar keine Ahnung.«

Leise steht sie auf und geht zum Fenster. Sie steigt auf einen Stuhl, um an der Blende vorbei die Zellenfenster in den oberen Stockwerken sehen zu können.

»Das ist hier die U-Haft«, erklärt sie. »Gemischte Gesellschaft. Im ersten Stock liegt die Frauenstation. Mußt du doch gemerkt haben, als sie dich brachten. Darüber vier Männerstationen. Da hocken sie zu sechst und zu acht in den Zellen. Mein Mann ist auch da.«

»Was?« fragt Ina verblüfft. »Dein Mann? Wieso denn?«

»Republikflucht. Versuch, besser gesagt. Jemand hat uns verpfiffen.«

Rita steigt vom Stuhl. Mit drei Schritten ist sie am Bett, nimmt die Decke, wickelt sie um sich und bezieht wieder ihren Posten am Zellenfenster. Sie dreht Ina den Rücken zu.

Abhauen wollte die, denkt Ina. Da muß sie sich nicht wundern, daß sie hier landet. Geschieht ihr recht.

»Es gibt kein Bier auf Hawaii, es gibt kein Bier …«, singen die Männer.

Viele Stimmen sind es jetzt, die sich an den Hofwänden brechen, so daß das Lied wie ein Kanon klingt.

Ina zieht sich die Decke über den Kopf, aber es hilft nicht viel.

»Freigang! Los, los! Raus hier!«

Ina greift nach der Wattejacke, die über ihrem Stuhl hängt.

Sie wird auf den Hof geführt. Graue Wände umgeben sie, unterbrochen von den Zellenfenstern, die ein regelmäßiges Muster bilden. Ihr Bewacher zieht ein Schlüsselbund hervor und öffnet ein Tor. Es hat keine Klinke. Er schiebt die Torflügel ein Stück auseinander, und Ina gelangt in einen weiteren Hof, der von einer doppelt mannshohen Mauer begrenzt wird. Alle drei, vier Meter eine eiserne Tür.

Der Uniformierte, ein junger, bleicher Bursche mit weißblondem Haar, schließt eine dieser Türen auf und schubst Ina in ein Mauergeviert.

Sechs mal sechs Schritte, zählt sie.

Unter ihr Beton, über ihr der Himmel.

Ina lehnt sich in eine Ecke und legt den Kopf an die Mauer. Sie schließt die Augen. Die Sonne blendet, aber sie hat die Steine erwärmt.

Ina dreht den Kopf ein wenig zur Seite, so daß ihre Wange die Steine berührt. Die Wärme löst etwas in ihr. Langsam steigen Tränen auf. Ina unterdrückt sie nicht. Sanft reibt sie die Wange an den rauhen Steinen und läßt die Tränen fließen, bis keine mehr da sind.

So, denkt sie. Jetzt ist es raus. Jetzt rumort es nicht mehr.

Mit dem Jackenärmel trocknet sie ihr Gesicht ab. Sie löst sich von der Wand und geht die sechs Schritte im Geviert. Immer schneller geht sie, bis sie fast läuft.

»Das ist das Gefängnis«, sagt sie vor sich hin, »hier bleibe ich jetzt.«

»**Die lassen jeden erst mal schmoren.** Die holen dich, wenn sie glauben, daß du weich bist. Bei mir war es auch so.«

Karin liegt auf dem Bett, die Arme unter dem Kopf verschränkt. Ina kriecht ans Fußende, ein bißchen näher zu Karin.

»Und warum machen sie jeden Morgen diesen Zählappell?« fragt sie. »Hier kann doch sowieso keiner raus. Hier fehlt doch nie jemand.«

»Reine Schikane«, antwortet Karin. »Du bist das letzte, das allerletzte. Das lassen sie dich spüren, bei jeder Gelegenheit.«

»Ja«, sagt Ina.

»Mensch«, Karin richtet sich auf und schaut Ina erstaunt an. »Das klingt, als ob du damit einverstanden bist. Findest du das in Ordnung, wie sie hier mit uns umgehen? Du bist doch eine Politische.«

»Nein«, sagt Ina, »bin ich nicht.«

»Was hast du denn dann gemacht?« will Karin wissen.

Mit einem ihrer langen Beine tritt Chris nach oben und hebelt beinahe Karins Matratze aus.

»Halt deinen Schnabel, du Schwatzdrossel«, faucht sie. »Die Madam sieht nur aus wie was Besseres. Ist sie aber nicht. Wahrscheinlich hat sie einen umgelegt.«

»Ach, Quatsch«, sagt Karin. »Hau nicht immer so auf die Pauke, Chris.«

Sie beugt sich zu Ina und flüstert ihr ins Ohr: »Die ist schon zum dritten Mal im Knast. Da denkt sie, sie kann alle in die Tasche stecken.«

Ina ist allein. Sie sitzt am Tisch, starrt vor sich hin und verlagert ihr Gewicht mal nach links, mal nach rechts. Jeden Zentimeter ihres Hinterteils fühlt sie inzwischen. Sie springt auf und geht ein paar Schritte hin und her, macht zwei, drei Kniebeugen.

Auf das Bett legt sie sich nie, wenn die anderen Frauen nicht in der Zelle sind. Sie fürchtet, daß die Zellentür aufgerissen wird und jemand sie anbrüllt: Runter von der Koje! Sie sind doch nicht zur Kur hier!

Das Gefühl, unablässig beobachtet zu werden, quält sie. Sie steht auf und lehnt sich in den Winkel neben der Toilette. Die einzige Stelle, die man durch den Spion nicht sehen kann, hofft sie.

Die Zeit schleicht dahin. Sie weiß nicht, wie spät es ist. Wahrscheinlich bald Mittag. Aber vom Wagen mit den scheppernden Essenkübeln ist nichts zu hören. Keine Tür knallt. Stille.

Plötzlich scheint es, als tappen Schritte draußen auf dem Gang. Oder tappen sie in meinem Kopf? fragt Ina sich. Nein, ein Schlüssel knirscht. Die Tür geht auf.

»Krüger, zur Vernehmung«, herrscht der bleiche Blonde sie an.

»Sofort«, sagt Ina, springt mit einem Satz zum Schrank und sucht nach dem Kamm.

»Sie sollen zur Vernehmung und nicht zum Schönheitswettbewerb«, sagt der Blonde und grinst. »Kommen Sie.«

Ina wirft den Kamm aufs Bett und folgt ihm. Auf dem Gang bleibt sie stehen, bis er die Tür verschlossen hat.

»Nach links«, kommandiert er.

Unterwegs achtet Ina auf jedes Detail und versucht, sich alles einzuprägen. Die grau gestrichenen Gänge im Zellentrakt, das Treppenhaus mit den Metallnetzen zwischen den Etagen, die Holztüren und das blankgewienerte Linoleum im Erdgeschoß.

»Halt«, kommandiert der Blonde vor der dritten Tür. Er öffnet sie und bedeutet Ina mit einer knappen Geste, einzutreten.

Für einen Moment schließt Ina die Augen, denn das Licht, das ungehindert durchs vergitterte Fenster dringt, blendet sie.

»Nehmen Sie Platz, Frau Krüger«, sagt eine tiefe, weiche Stimme.

Ina glaubt, sich verhört zu haben, und blinzelt gegen die Helligkeit an.

Hinter dem Schreibtisch, der fast die Hälfte des Raumes einnimmt, erkennt sie einen grauhaarigen Mann. Er schaut ihr aufmunternd entgegen und weist auf den Stuhl direkt vor dem Schreibtisch. Einen Stuhl mit Polster. Ina setzt sich.

»Wollen Sie rauchen?« fragt der Mann.

Ina nickt.

Er schiebt ihr eine Packung »Orient« zu und eine Schachtel Streichhölzer.

Ina nimmt eine Zigarette aus der Packung und zündet sie an. Sie merkt, daß der Mann sie beobachtet. Es ist ihr peinlich, daß die Hand zittert, in der sie die Zigarette hält.

Der Mann blättert in einem Stoß Akten und runzelt die Stirn.

Wie Vati, fährt es Ina durch den Kopf. Genau wie Vati sitzt er da. Wer ist das?

»Ich bin Major Jahn«, sagt der Mann, als hätte er ihre Frage verstanden.

Er macht eine Pause.

»Ihr Fall, Frau Krüger, beschäftigt mich. Ich kenne Ihren Vater. Wir waren im gleichen Studienjahr, damals.«

Eine heiße Welle überschwemmt Ina. In ihre Kehle steigt ein Schluchzen. Sie schluckt.

Nicht heulen jetzt, denkt sie, nicht heulen.

Sie nimmt einen tiefen Zug aus der Zigarette.

»Ja«, sagt der Mann. »Und nun sitzen Sie hier.«

Er schüttelt den Kopf und blättert wieder in den Papieren.

»Erst verweigern Sie die Aussage, dann erzählen Sie eine Menge Stuß. Warum machen Sie es sich und uns unnötig schwer, Mädchen?«

Er schaut auf.

Verdammt, denkt Ina, jetzt heule ich doch.

Sie legt die Zigarette in den Aschenbecher und schlägt die Hände vors Gesicht.

Der Mann läßt ihr Zeit.

Unbeweglich sitzt er hinter seinem Tisch. Nach einer Weile beugt er sich vor, stützt die Arme auf und legt sein Kinn in die Hände.

»Erzählen Sie mir, was wirklich passiert ist in der Nacht. Ich höre zu und werde Sie nicht unterbrechen«, sagt er.

Ina erzählt. Alles.

Nur den Traum verschweigt sie. Es soll kein Schatten fallen auf Vati, denkt sie. Er kann doch nichts dafür.

»**Der hat dich gelinkt, Mann.** Der hat den Papa gespielt, und du bist voll drauf eingestiegen.«

Karin tippt sich an die Stirn.

»Oder denkst du etwa, der will dir wirklich helfen?«

Ina zuckt die Schultern.

»Ich weiß nicht«, sagt sie. »Er war anders als die Vernehmer vorher. Er war so menschlich.«

Sie drückt ihr Gesicht ins Kopfkissen, um das Schluchzen zu ersticken, das aus der Kehle will.

»Ha!«

Chris schlägt sich auf die Schenkel.

»Menschlich! Wenn ich das schon höre.«

Sie geht zu Ina hinüber und rüttelt an ihrem Bett.

»Paß mal auf, Süße. Hier ist niemand menschlich. Hier denkt jeder zuerst an sich. Egal, ob er mit dem Schlüssel klappert oder Handschellen trägt. Jeder! Merk dir das.«

Sie versetzt Ina einen Klaps auf den Rücken, macht kehrt und läßt sich auf ihren Stuhl fallen. In der Hosentasche kramt sie nach Zigaretten und zündet sich eine an. Sie schützt die Flamme dabei mit der Hand, als wehe ein starker Wind in der Zelle. Den Rauch ausstoßend, lehnt sie sich zurück und wendet den Kopf zu Ina, die sich immer noch in ihr Kissen vergräbt.

»Dunja, unser Blümelein, trägt ein rotes Tüchelein ...«, singt sie halblaut und falsch. Dann wird ihre Stimme wieder hart.

»Spiel bloß nicht die Jungfer zart. Hast ja schließlich auch nicht nur Silberlöffel geklaut.«

Recht hat sie, denkt Ina. Ich bin nicht besser als sie. Eher schlechter. Wenn sie bloß nicht so schrecklich wäre ... Ich hab mehr Angst vor ihr als vor den Vernehmern.

Sie zieht sich die Decke über den Kopf. Sie rollt sich zusammen wie ein Knäuel. Mit beiden Händen drückt sie das feuchte Kopfkissen an ihr Gesicht. Es riecht tröstlich. Meine Höhle, denkt sie. Das ist meine Höhle, hier kriegen sie mich nicht.

Bevor sie einschläft, hört sie, wie Karin sagt: »Laß Ina in Ruhe, Chris. Komm, tu's für mich.«

Im Hof hallt das Geheul der Männer.

»... wie ein Stern in einer Sommernacht ist die Liebe, wenn sie strahlend erwacht ...«

Allein sitzt Ina im Vernehmerzimmer, vor sich ein paar Blatt Papier, in der Hand einen Bleistift. Inventarliste schreibt sie auf den ersten Bogen und unterstreicht das Wort.

»Schreiben Sie alles auf, was sich in Ihrer Wohung befindet«, verlangte Major Jahn, bevor er den Raum verließ. »Denken Sie gut nach. Vergessen Sie möglichst nichts. Es erleichtert Ihren Eltern die Arbeit.«

Ina weiß, was das bedeutet. Die Wohnung wird geräumt. Was Achim gehörte, bekommen seine Eltern. Ihre Sachen landen im Keller am Hangweg. Und der Rest? Die Möbel? Auf den Speicher. Oder verkaufen. Weg damit.

Ich brauche keine Wohnung mehr, denkt Ina. Ich wohne im Gefängnis. Für den Rest meines Lebens.

LL, hat der Major gesagt. Lebenslänglich. Das ist sicher bei der Schwere des Delikts, wenn es kein entlastendes Motiv gibt. Ja, nach dem Motiv, da kann er lange suchen. Entlastend oder nicht.

Nach Hoheneck wird man mich bringen. Da sitzen alle Mörderinnen. Wenn ich mich gut führe, komme ich vielleicht nach fünfzehn Jahren wieder raus. Da bin ich doch erst Ende Dreißig. Da fängt das Leben erst an, hat er gesagt. Und dann hat er gelächelt.

Diese Wechselduschen, von einem Tag zum andern, von einer Stunde zur andern, die sind seine Spezialität. Deshalb haben sie ihn mir geschickt, denkt Ina. Heute der väterliche Freund, morgen der abgebrühte Zyniker. Eben noch Grüße von Susanne, und jetzt die Inventarliste. Aber ich durchschaue ihn. Mir kann er nichts vormachen. Soll er seine Liste haben. Und zwar perfekt.

Zuerst die Küche. Das ist am leichtesten. Die Einbaumöbel bleiben drin. Der Ofen und die Spüle auch. Ich muß nur aufschreiben, was in den Schränken steht.

Das blauweiße Kaffeegeschirr für sechs Personen, fünf Weingläser, zwei Sektkelche mit Schliff. Sechs Wassergläser mit buntem Blumendekor. Die nahm Achim für sein Bier, wenn er es nicht gleich aus der Flasche trank.

Sechs flache Teller und sechs tiefe, ein Soßenkännchen und zwei ovale Platten. Das Hochzeitsgeschenk von Achims Eltern. Sollen sie selig damit werden. Der Besteckkasten von Mutti und Vati. Alles noch vollständig. Wir haben es nicht lange benutzt.

Zwei Schüsselchen mit Märchenmotiven. Hans im Glück und Dornröschen. Daraus aß Suse ihren Brei. Hans im Glück mit der Gans im Arm. Hans und Gans kann sie schon sagen. Suse …

Reiß dich zusammen, denkt Ina. Das Kind ist bei Oma und Opa. Das Kind hat es gut.

Ich hab es gerettet. Ich habe sie alle gerettet.

Diese Psychologin aus dem Bezirkskrankenhaus, wie hieß sie gleich? Frau Doktor Schwabe, ja. Ihre Tests, als ob ich verrückt bin. Und ihre Fragen. Beschreiben Sie das Verhältnis zu Ihren Eltern. Wie war Ihr Vater? Was sagte Ihre Mutter?

Nichts hat sie rausgekriegt. Gar nichts. Vati und Suse können sie nichts tun. Das habe ich geschafft.

Bis zum Korkenzieher und den Topflappen schreibt Ina alles auf. Danach nimmt sie sich die Wohnstube vor, das Kinderzimmer, den Flur und zum Schluß das Schlafzimmer. Sie ist sicher, daß sie nichts vergessen hat. Nur die Truhe aus dem Schlafzimmer erwähnt sie nicht. Die gehört nicht mehr zum Inventar. Die ist ein Beweismittel.

»Krüger, das ist für Sie abgegeben worden.«

Der Blonde stellt eine Tüte ab und knallt die Zellentür zu.

»Das sind die Klamotten für den Prozeß morgen. Mal sehen, was meine Eltern eingepackt haben«, sagt Ina.

Rita, die am Zellenfenster klebt und nach einem Zeichen ihres Mannes Ausschau hält, dreht sich um, steigt vom Stuhl und setzt sich.

»Schade, daß Karin und Chris nicht da sind«, sagt sie. »Eine Modenschau ist doch was in diesem Einerlei. Zeig mal.«

Sie schüttelt den Inhalt der Tüte auf den Tisch.

»Verdammt«, sagt Ina.

»Was ist denn los?«

Rita befühlt den Stoff des dunkelblauen Kostüms, hält es an ihren Körper und dreht sich damit.

»Bißchen brav, aber für den Anlaß in Ordnung«, findet sie.

»Das ist mein Hochzeitskostüm.«

Ina wendet sich ab.

»Ach, du Scheiße.«

Als hätte sie sich daran verbrannt, läßt Rita das Kostüm fallen.

»Das ist hart.«

»Na gut«, Ina reißt sich zusammen, »ich hätte es mir denken können. Es ist doch mein einziges ordentliches Stück. Ich kann ja nicht gut in Jeans erscheinen.«

Sie hebt die Jacke und den Rock auf, glättet den Stoff und hängt beides über die Stuhllehne.

»Wenigstens haben sie nicht das FDJ-Hemd eingepackt. Kann ich noch froh sein.«

Rita prustet los.

»Manchmal hast du tatsächlich Humor.«

»Galgenhumor«, sagt Ina.

Der Anwalt, es ist ein Pflichtverteidiger, meldet sich auch am zweiten Tag kaum zu Wort. Das hatte er angekündigt.

»Wenn Sie mir keine Argumente liefern, Frau Krüger, kann ich nichts für Sie tun.«

In ihrem Kostüm sitzt Ina auf der hölzernen Bank und hört dem Staatsanwalt zu.

»Verwöhntes Mädchen … eiskalt … berechnend …«

Sie weiß, daß er von ihr spricht, aber seine Worte erreichen sie nicht.

Das bin ich nicht, denkt sie. Das ist das Bild, das ich ihnen geliefert habe. Ich bin gar nicht wirklich hier. Ich hocke in mir drin, ganz ruhig, und gucke zu meinen Augen aus mir raus. Nichts trifft mich.

Einmal gleitet ihr Blick über die Reihen der Zuhörer. Fast alles fremde Leute. Nicht viele. Ihre Vernehmer erkennt sie, und ganz hinten, in der vorletzten Reihe, von einem dicken Uniformierten halb verdeckt, den Vater. Bleich und angestrengt starrt er nach vorn, zum Staatsanwalt.

Das Gericht zieht sich zur Beratung zurück. Ina wird abgeführt. Gleich hinter der Saaltür streckt sie die Arme vor, und die Handschellen legen sich um ihre Gelenke. In einem kleinen Raum ohne Fenster läßt man sie auf die Urteilsverkündung warten.

Aus der Tür hinter dem Richtertisch tritt der Mann im Talar. Seine Beisitzer folgen ihm. Alle erheben sich. Ina steht auf.

»… ergeht im Namen des Volkes das Urteil: Lebenslänglich …«

Gut, denkt Ina. So ist es richtig. Ich habe es nicht anders verdient.

Noch während die Stimme in ihrem Kopf diese Worte spricht, packt ein Schwindelgefühl sie. Es kribbelt in den Füßen und in den Händen. Es steigt auf. Die Luft wird knapp. Ihre Augen suchen den Vater. Nur ein Stück Schulter von ihm ist zu sehen.

Macht das Fenster auf, sonst falle ich um, will sie rufen. Da wird alles schwarz.

Meine Lieben daheim! Gerade heute, am Weihnachtstag, denke ich an Euch und warte auf den alles bedeckenden Schlaf. Meine Augen schweifen über die

Stollberger Winterlandschaft, ein weitaus angenehmerer Anblick als das Stückchen Hof in Dresden. Seit drei Monaten bin ich in Hoheneck. Wundert Euch also nicht über den neuen Absender.

Wir haben uns hier alle Mühe gegeben, ein paar besinnliche Stunden miteinander zu verleben und die trüben Gedanken zu vertreiben. Nach einem reichlichen Abendbrot, einem Festessen aus den Weihnachtspäckchen, liegen nun alle in den Betten. Die gefürchtete Stunde, wenn es still wird und dunkel, bricht an. Um sie besser zu überstehen, werde ich Euch schreiben, bis das Licht ausgeht.

Zu Handarbeiten oder zum Lesen habe ich neuerdings wenig Lust. Außer Lyrik bringt mir nichts die dringend nötige Ablenkung und Entspannung. Aber hier gibt es nur wenige Bücher mit Gedichten. Dafür haufenweise dicke Romane, Neutsch, die Seghers und Ludwig Renn.

Vor der Flimmerkiste im Flur halte ich es keine Stunde aus, schnappe meinen Hocker und ziehe mich wieder in die Zelle zurück. Die blöden Bemerkungen der anderen zu allem und jedem, die machen mich schwach.

Heute nachmittag bin ich mit Suses Giraffe fertiggeworden. Das Stofftier ist inzwischen der Liebling aller Frauen. Wenn Ihr mich besuchen dürft, müßt Ihr sie mitnehmen. Hauptsache, ich vergesse nicht, sie rechtzeitig zur Kontrolle zu geben, damit meine kleine, dicke Susemaus sie auch wirklich kriegen kann.

Apropos dicke Maus: Kann Mutti nicht etwas mehr auf gesunde Ernährung achten? Ich finde, Suse ist zu pummlig. Über die letzten Fotos war ich ein bißchen erschrocken. Sie liegen hier vor mir und Eure Briefe auch.

Bei Eurer Sprecherlaubnis in Dresden spürte ich die Entfremdung. Ihr habt kaum etwas gesagt. Ich verstehe, daß Ihr angespannt wart und fertig. Das merke ich auch an den Briefen. Trotzdem, ich muß wissen, wie Ihr und Susanne lebt, was Ihr denkt. Auch wenn wir uns selten sehen und ich nicht oft schreiben darf. Das ist doch das einzige ... Stop. Ich höre, wie sie draußen auf dem Gang die Lichtschalter ausknipsen. Gleich wird es dunkel hier. Küßchen und Gute Nacht, Eure Ina.

Wieder hat sich der Faden verheddert. Ina knipst die Nähmaschine aus und versucht, das Garn zu richten.

»Du machst das falsch«, sagt die Frau neben ihr. »Du mußt den Stoff anders legen, dann rutscht er besser durch, und der Faden verfitzt nicht so leicht.«

Sie beugt sich zu Ina und zeigt ihr, wie es geht.

»Ich schaff das nie«, seufzt Ina, »ich hab zwei linke Hände.«

»Das dachte ich auch mal.«

Die Frau lächelt Ina zu.

»Aber mit Geduld und ein paar Tricks geht alles.«

Ina schaltet die Maschine wieder ein.

»Ich hab dich hier noch nie gesehen. In welchem Kommando bist du denn?« fragt sie, ohne den Blick von der Nadel zu lösen.

»Im dritten«, sagt die Frau. »Ich war sonst immer beim Knopflöchernähen. Das ist schon die hohe

Schule. Aber heute brauchten sie jemand bei den Bettbezügen, weil ihr mit der Norm im Rückstand seid. Ist ja kein Wunder. Wenn sie die Neuzugänge immer hierher stecken, geht es eben langsam voran.«

Sie faltet den fertigen Bezug zusammen und greift nach einem neuen Stück Stoff. Dabei mustert sie Ina.

»Paß auf«, sagt sie plötzlich, »in zehn Minuten machen die Gruppenleiterin und die Leutnantsche Pause. Dann solltest du mal deinen Rock durch die Maschine schieben.«

»Wieso?« wundert sich Ina.

»Der hängt doch an dir rum wie ein Mehlsack.«

»Na und?«

»Menschenskind«, stöhnt die andere. »Wenn wir schon bei ›Planet‹ die Sklavenarbeit machen, können wir auch mal was für uns tun. Was meinst du, wie die Mädels uns beneiden, die den ganzen Tag bei ›Esda‹ Strumpfhosen nähen. Da lohnt es sich nicht mal, eine zu klauen, weil das gleich auffällt.«

Ina staunt. Was ist denn das für eine, denkt sie.

»Schnell!« flüstert die Frau und zupft Ina am Ärmel. »Zieh deinen Rock aus. Gib ihn her. Ich mach dir das. Du kriegst es sowieso nicht hin.«

Wie auf Befehl streift Ina im Sitzen den Rock ab und reicht ihn der Frau. Die kehrt ihn linksrum, schiebt ihn unter der sausenden Nadel einmal hin, einmal her und wirft ihn Ina zu. Straff umspannt er jetzt ihre Schenkel.

»Steh auf«, sagt die Frau. »Dreh dich mal.«

Ina starrt sie entgeistert an. Dann schaut sie sich vorsichtig nach dem verglasten Büdchen am Ende der Halle um. Die Bewacherinnen trinken Kaffee und sind mit sich beschäftigt. Niemand achtet auf Ina. Also erhebt sie sich und dreht sich einmal um sich selbst. Und nochmal. Sie muß lachen.

»Paßt.«

Die Frau kichert wie ein kleines Mädchen. Dabei hält sie sich eine Hand vor den Mund, als habe sie eine Zahnlücke.

»Übrigens, ich heiße Brigitte,« sagt sie.

»Krüger, Sie gehen heute nicht zur Arbeit. Die Erzieherin will mit Ihnen reden«, befiehlt die Leutnantsche, bevor sie die Zellentür zuknallt.

Warten, denkt Ina. Wieder den ganzen Tag warten. Rumsitzen und nichts tun. Dabei hätte ich mich gern bei Brigitte bedankt. Das mit dem Rock war eine starke Idee.

Kurz vor dem Mittagessen läßt die Erzieherin Ina zu sich bringen. Sie sitzt an ihrem Schreibtisch, vor der blankgewienerten Platte, auf der nur ein Telefon steht. Nichts weiter. Kein Stift, kein Papier, kein Aschenbecher. Auch die Wände des winzigen Raumes sind kahl. Gitter an den Fenstern.

Aber wenigstens ein paar Gardinen, denkt Ina. Wenn ich hier arbeiten müßte, tagein, tagaus, ich würde verrückt werden.

»Guten Tag, Frau Krüger, nehmen Sie Platz«, sagt die Erzieherin.

Ina stutzt. Die Erzieherin sagt Frau Krüger. Nicht Strafgefangene Krüger oder bloß Krüger, als sei Ina ein Neutrum.

Ina grüßt zurück und setzt sich.

»Wie ich höre, haben Sie sich eingelebt in Hoheneck. Das ist gut. Sie werden uns ja auch nicht so bald verlassen, nicht wahr?«

Will sie mich quälen? denkt Ina. Oder macht sie sich über mich lustig?

»Sie leihen sich ziemlich oft Bücher aus, Frau Krüger. Das fällt auf. Lesen Sie gern?«

Ina nickt.

»Schön«, sagt die Erzieherin. »Kommt nicht oft vor, daß eine gern liest. Hätten Sie denn Lust, mal eine Buchveranstaltung zu organisieren für die Gefangenen?«

»Ja, sicher«, sagt Ina. »Das würde ich gern machen. Ich kann mir allerdings nicht vorstellen, daß es viele Gefangene interessiert. Ich habe nicht den Eindruck ...«

»Ach, Frau Krüger«, unterbricht die Erzieherin sie, »wenn man ein Angebot macht, finden sich auch welche, die es annehmen. Immer, glauben Sie mir. Die Brigitte Schürmann zum Beispiel. Die kennen Sie doch?«

Ina fühlt sich ertappt. Sie merkt, daß sie rot wird, und ballt die Fäuste. Aber es hilft nichts. Die Hitze nimmt zu.

Verdammt, denkt sie. Woher weiß die das schon wieder?

»Ja«, sagt sie dann. »Die Brigitte Schürmann arbeitet auch bei ›Planet‹. Ist eine gute Näherin. Sie hat mir ein paar Kniffe gezeigt, und nun schaffe ich vielleicht bald die Norm. Sie ist sehr selbstbewußt, finde ich.«

»So? Woraus schließen Sie das?« fragt die Erzieherin.

»Na ja«, sagt Ina, »wenn sie nicht im Drillich steckte,

würde ich denken … Also, sie wirkt gar nicht wie eine Gefangene.«

»Das ist ja interessant«, sagt die Erzieherin und beugt sich vor.

»Ja«, sagt Ina, »finde ich auch. Mir ist hier noch keine Frau begegnet, die so, so …«

Scheiße, denkt sie und beißt sich auf die Zunge. Was rede ich? Was geht das diese Tante an? Bloß weil sie mich nicht wie ein Vieh behandelt, komm ich gleich ins Plaudern. Ich muß aufhören, irgendwie den Bogen kriegen.

»… so witzig ist.«

»Witzig? Ja, wenn Sie meinen.«

Die Erzieherin wechselt das Thema. »Machen Sie mir ein paar Vorschläge für die Buchveranstaltung. Ich gebe Ihnen eine Woche Zeit. Reicht Ihnen das?«

»Natürlich. Ich danke Ihnen.«

»Also dann bis bald, Frau Krüger«, sagt die Erzieherin, greift zum Telefon und spricht in die Muschel: »Krüger zurück in die Zelle.«

Sekunden später öffnet sich die Tür, und der diensthabende Schließer holt Ina ab.

»Na? Hast du schön gesungen?«

Fünf Augenpaare richten sich auf sie, nachdem die Zellentür hinter Ina zuschlug. Sie bleibt wie angewurzelt stehen.

»Spinnt ihr?«

Die aufgestaute Wut entlädt sich jetzt. Ina schreit die Frauen an: »Nehmt euch bloß nicht so wichtig! Ihr könnt euch wohl gar nicht vorstellen, daß man über etwas anderes reden kann als über euch, was?«

Sie geht zum Waschbecken und dreht den Wasserhahn auf. Sie kühlt sich das Gesicht.

»Wer hochgerufen wird, von dem will man was. Was hast du denn erzählt? Spuck's schon aus!« fordert eine.

»Die Tante hat mich gefragt, ob ich gern lese und eine Buchveranstaltung für euch organisiere. Glaubt es oder nicht«, sagt Ina unter dem Wasserhahn.

»Ha, ha«, höhnen die anderen.

Es schneit. Stollberg versinkt hinter einem Vorhang aus schweren, nassen Flocken. Ina preßt ihre Stirn an die Fensterscheibe und starrt in das Schneetreiben.

Zwei Jahre, drei Monate und zwölf Tage bin ich jetzt im Knast, denkt sie. Die Frauen kommen und gehen. Ich bleibe. Der wievielte Teil von lebenslänglich sind zwei Jahre, drei Monate und zwölf Tage?

Auf dem Flur knallen die Zellentüren.

»Raustreten zum Freigang!« kommandiert die Leutnantsche.

»Hört euch bloß die blöde Wachtel an. Bei dem Wetter! Da sind wir ja im Nu durchgeweicht bis auf die Haut«, räsonieren die Frauen.

Als die Wachtel die Tür aufreißt, stehen sie in ihren dicken Militärmänteln und mit Tüchern auf den Köpfen schon bereit und drängen wie eine Schafherde hinaus. Nur Ina lehnt noch am Fenster.

»Ich möchte hierbleiben«, bittet sie, »ich bin erkältet …«

»Wo gibt's denn so was?« schnauzt die Wachtel. »Bilden Sie sich ein, für Sie wird eine Extrawurst gebraten? Aber raus hier! Zack, zack!«

Ina zieht sich den Mantel über. Das Kopftuch läßt sie im Schrank.

Am besten gleich eine Lungenentzündung, denkt sie. Vielleicht sterbe ich dran.

Langsam schlurft sie in ihren Männerstiefeln den anderen hinterher.

Auf dem Hof bildet sich binnen kurzem ein Kreis im frischen Schnee, von vielen Füßen ausgetreten. Die Frauen gehen zu zweien oder zu dreien, immer bemüht, die Fußstapfen der Voranlaufenden zu treffen, damit die Stiefel länger trocken bleiben.

Ina geht allein. Ihre Hände hat sie tief in den Manteltaschen vergraben, den Kragen hochgeschlagen. Der Schnee auf ihrem Haar taut und läuft in kleinen Rinnsalen über ihr Gesicht, den Hals hinab. Sie wischt das Wasser nicht weg.

»He, Ina, du weinst ja.«

Das ist Brigittes Stimme. Ihre Hand kriecht in Inas Manteltasche und legt sich wärmend um ihre Finger.

»Nein«, sagt Ina, »ich weine nicht. Das ist bloß der Schnee.«

»Schön, nicht?«

Brigitte streckt einen Arm aus und betrachtet die Schneekristalle auf dem dunklen Stoff des Mantels.

»Kristalle arbeiten nur für sich selbst. Kein Auftrag, keine Anerkennung.«

Wie meint sie das? denkt Ina. Weiß sie etwa, daß die Tante mich dauernd nach ihr fragt?

»Ina, du bist oft sonnabends in der Bibliothek, habe ich mitgekriegt. Ich bin sonntags da. Ich darf dort malen. Damit ich nicht ganz aus der Übung komme.

Es sind sogar ein paar Sachen entstanden, die was taugen. Oder die Vögel picken's weg. Wer weiß.«

Brigitte kichert.

»Du, Ina, wir sollten versuchen, am gleichen Tag in die Bibliothek zu kommen.«

Ein Glück, sie weiß es nicht. Erleichtert drückt Ina Brigittes Hand.

»Ja«, sagt sie. »Aber wie stellen wir es an? Einfach fragen, das klappt nicht. Die würden es nie genehmigen. Schon, um uns eins auszuwischen.«

»Kommt Zeit, kommt Rat. Obwohl …«, Brigitte unterbricht sich und geht schweigend ein paar Schritte weiter.

Plötzlich bleibt sie stehen und sieht Ina an.

»Ich bleibe wahrscheinlich nicht mehr lange hier, weißt du? Meine drei Jahre sind fast rum. Sie werden mich irgendwann abschieben. Kann ganz schnell gehen.«

Aus dem Lautsprecher schallt die Stimme des Wachhabenden.

»Antreten zum Abmarsch!«

In kleinen Gruppen sammeln sich die durchnäßten Frauen vor der eisernen Doppeltür. Jedes Kommando hat seinen Stellplatz.

»Komisch«, sagt Brigitte, »ich freue mich gar nicht darauf, in den Westen zu kommen. Dabei hätte ich vor drei Jahren sonstwas dafür gegeben. Bloß hier will ich raus, aus dieser Festung. Die saugt alles Leben aus mir. Wie ein Schwamm.«

Sie umarmt Ina kurz. Ihre strubbligen, nassen Haare kitzeln Inas Kinn.

Da geht sie hin, denkt Ina und sieht zu, wie Brigitte zwischen den anderen Frauen verschwindet. Bald ist sie ganz weg, und ich bin allein.

Wieder laufen ihr die Tränen über das Gesicht. Ein dumpfer Schmerz schnürt ihr den Hals zu. Sie zieht das Wasser hoch, das ihr aus der Nase tropft.

Vielleicht kann ich dafür sorgen, daß sie noch ein bißchen bleibt, denkt Ina, und der Druck im Hals läßt nach.

Ich brauche sie.

Vom Stollberger Kirchturm schlägt es elfmal.
Ina schläft nicht. Sie grübelt.

Am besten wäre es, gleich alle beiden Fliegen mit einer Klappe zu schlagen. Ich sage, daß Brigitte damit rechnet, in den Westen abgeschoben zu werden. Daß sie dort Verbindungen hat. Daß man auf sie wartet. Da beißt sie an, die Tante. Bestimmt. Und dann muß ich ihr beibringen, mich zusammen mit Brigitte in die Bibliothek zu lassen. Ganz allein. Weil Brigitte dann vielleicht eher was erzählt. Ja, so könnte es gehen.

Ina dreht sich auf den Bauch und stopft ihr Kopfkissen fest.

So könnte es wirklich gehen, denkt sie zufrieden. So müßte es klappen. Hoffentlich holt sie mich bald, die dämliche Tante. Erzieherin, daß ich nicht lache. Da wollen wir doch mal sehen, wer hier wen erzieht.

»**In der Küche haben sie erzählt,** daß gestern wieder drei Frauen auf Transport gegangen sind. Nach Berlin.«

Die dicke Rosi, Tagesschau genannt, kommt vom

Kartoffelschälen und bringt die neuesten Nachrichten mit.

»Die müssen alle bescheuert sein, sich bei der Stasi zum Putzklops zu machen. Ekelhaft!« rümpft jemand die Nase.

»Daß ihr Politischen euch immer aufspielen müßt!« Rosi stemmt die Arme in die Hüften. Sie steht mitten in der Zelle.

Wie ein Denkmal für die Trümmerfrauen, denkt Ina. Und dabei sitzt sie wegen Scheckbetrug. Traut man ihr gar nicht zu.

»Mal im Ernst, Mädels, wenn ich nicht im nächsten Jahr rauskäme, würde ich mir das auch überlegen, ehrlich.«

Rosi genießt es, daß sich alle ihr zuwenden.

»Erstens«, sagt sie und läßt den rechten Daumen aus der Faust schnellen, »gibt es bei der Stasi besseres Essen. Wetten? Zweitens«, sie hebt den Zeigefinger, »ist die Knastausstattung tipptopp. Möbel und so. Drittens sitzen da interessante Leute und nicht so blöde Tussis wie ihr.«

Rosi schnippt den Mittelfinger hoch, hebt die Hand wie zum Schwur und freut sich, daß alle in brüllendes Gelächter ausbrechen.

»Drei Vorteile, Mädels! Da muß man doch zugreifen!«

Mit ihrer Marktfrauenstimme übertönt Rosi mühelos das Geschrei in der Zelle. Als es abebbt, dreht sie sich zu Ina um.

»Na, meine Liebe, wäre das nichts für Sie?« flötet sie mit Fistelstimme, wiegt sich in den Hüften und verbeugt sich vor Ina.

»Als Mielkes Putzschätzchen …«

Das Ende des Satzes geht im Gröhlen der Frauen unter. Hilflos verzieht Ina das Gesicht.

Ich halte es nicht mehr lange aus, denkt sie. Wenn Brigitte fort ist, melde ich mich. Alles ist besser als das hier.

»**Die Leitung des Strafvollzuges** hat mir mitgeteilt, Frau Krüger, daß Sie sich für Berlin beworben haben.«

Gelassen wirkt die Erzieherin, als sie das sagt. Aber Ina merkt, daß sie sich darum bemüht.

»Ich hatte im letzten Jahr den Eindruck, Sie nehmen eine positive Entwicklung. Ihr Engagement im Freizeitbereich war nicht mehr so sporadisch. Sie haben gezielt an sich gearbeitet und einige Aufträge passabel erfüllt. Sie sollten auf diesem Weg bleiben.«

Die redet, als ob sie schon an meiner Beurteilung formuliert, denkt Ina. Ob ich mal ein bißchen auf den Busch klopfe?

»Das möchte ich auch, aber einerseits habe ich das Gefühl, daß da eine Grenze ist. Und andererseits …«

»Was für eine Grenze?« will die Erzieherin wissen.

Nie läßt die einen ausreden, ärgert sich Ina. Nur, wenn sie mich als Wanze braucht. Jetzt habe ich glatt vergessen, was ich sagen wollte.

»Na ja«, Ina versucht, ihren Faden wiederzufinden, »die Interessen sind zu unterschiedlich. Ich meine, die einen hören ›Auf den Flügeln bunter Noten‹ und können sich tagelang darüber zerfetzen, daß der Wachhabende das Radio nicht laut genug einstellt. Und die anderen, sowieso in der Minderheit, sind

froh, wenn mal Ruhe herrscht, damit sie lesen können. Oder einen Brief schreiben. Das läßt sich nicht
überbrücken, weil Welten dazwischen liegen. Und
jede dieser Welten hat ihre Figuren. Ich meine,
Frauen, die ...«

Die Erzieherin lächelt gequält.

»Frau Krüger, Sie philosophieren schon wieder.
Lassen Sie uns mal praktisch werden. Ich möchte,
daß Sie in dieser Woche die Berichte abschließen, die
Sie noch nicht geliefert haben. Meinen Sie, daß Sie
das schaffen?«

»Kein Problem«, sagt Ina.

Mühsam verbirgt sie ihren Triumph.

Die Erzieherin telefoniert, und Ina wird in den
Zellentrakt zurückgeführt.

Ha! Hab ich es doch rausgekriegt, freut Ina sich.
Obwohl ich mich ganz schön vergaloppiert hatte,
als die Tante mich unterbrach. Jetzt ärgert sie sich,
weil sie ihr bestes Pferd im Stall verliert. Schadet ihr
gar nichts.

Am liebsten würde Ina den Gang entlang hüpfen.
Oder pfeifen. Aber sie schlurft wie eh und je vor
dem Schließer her.

Rote Teppiche in den Gängen schlucken jeden
Schritt. Rote Lichter über den Türen, die die Flure
voneinander trennen, signalisieren, ob jemand geholt oder gebracht wird, wenn sie brennen. Nie begegnen Gefangene einander, denn an jedem Gangende
gibt es eine leere Zelle. Flammt die rote Lampe auf,
öffnet der Schließer eine dieser Schachteln, schiebt

die Gefangene hinein und steht allein im Flur. Die Schlüssel schließen leise.

Beim Putzen muß Ina auf Gesten achten. Ein Wink bedeutet: Kommen Sie. Die abwehrend erhobene Hand: Gehen Sie. Der Wassereimer darf nicht scheppern, und der Staubsauger summt so sanft, als hätte er einen Spielzeugmotor.

Ina ist beeindruckt. Sie fühlt, dies ist ein Zentrum der Macht. Und sie gehört dazu, wenn auch nur als Hausarbeiterin. Aber mehr kann eine Gefangene nicht erreichen.

Ina ist in Berlin.

»Vielseitig interessiert und anpassungsfähig.«

Major Lingelbach reibt sich die Hände.

»Sie haben ja die besten Referenzen, Strafgefangene Krüger, wenn man den Genossen im Erzgebirge glauben darf. Angesichts der zahlreichen Zugänge unter den Hausarbeitern macht es sich erforderlich, den Posten des Kommandoratsvorsitzenden für den Wohn- und Freizeitbereich neu zu besetzen. Tja ...«, er läßt ein paar Sekunden verstreichen, ehe er weiterspricht, und fixiert Ina aus zusammengekniffenen Augen.

Ruhe bewahren, denkt Ina, bloß nicht zucken. Kein Interesse zeigen.

»... da scheinen Sie durchaus geeignet.«

Wieder macht Lingelbach eine Pause. Seine Worte hängen im Raum.

Will er eine Antwort? Muß ich jetzt sagen, daß ich Kommandoalte werden will? überlegt Ina. Er hat mich doch gar nicht gefragt.

»Ich gehe davon aus, daß Sie einverstanden sind. Sie werden das Kommando der Hausarbeiter aufbauen und leiten. Genosse Höft, der für Sie zuständige Erzieher, wird Sie in Ihre Funktion einweisen. Sie können gehen.«

Der Major stemmt sich aus seinem Sessel, geht zum Fenster und dreht ihr den Rücken zu.

Was ist denn jetzt los? wundert sich Ina. Warum telefoniert er keine Wache herbei? Soll ich hier plötzlich allein rumlaufen?

»Gehen Sie!« wiederholt der Major, ohne sich umzudrehen.

Na gut, denkt Ina, wenn er meint.

Als sie die Tür zum Gang öffnet, sieht sie dort ihren Bewacher stehen. Der hat die ganze Zeit gewartet, stellt Ina fest. Hat der nichts anderes zu tun?

Ina versucht, sich zu orientieren. In der Festung Hoheneck war das kein Kunststück. Überall gab es Bögen oder Erker, Gerüche und Laute, die sie sich merken konnte wie Wegweiser. Hier fühlt sie sich wie in einem Labyrinth von einander gleichenden Kammern. Die fünf Frauen, die zusammen mit ihr kamen, alle aus verschiedenen Gefängnissen des Landes, rätseln genau wie sie.

»Immerhin«, sagt eine und grinst, »wir haben Holzbetten, Gardinen an den Fenstern und sogar ein paar Alpenveilchen. Fast wie zu Hause.«

»Nee, ich finde es grauslich hier.«

Die älteste, Renate, die sich augenzwinkernd als diebische Elster vorstellte, schüttelt sich.

»Dieses Lautlose, Verschwiegene! Man glaubt

kaum, daß hinter den Zellentüren, die wir putzen, wirklich Leute sitzen. Man hört nie was. Man sieht nie jemanden. Bloß die Bewacher … Wenn ich das gewußt hätte, wäre ich in Cottbus gelieben. Da war es zwar laut und dreckig, sechse in einer Zelle, du konntest dich kaum drehen und wenden. Aber hier! Wie in einem Gruselfilm, schrecklich …«

»Na ja«, beschwichtigt Ina sie, »man kann eben nicht alles haben. Wir werden uns schon eingewöhnen.«

Plötzlich besinnt sie sich auf ihre Pflicht.

»Morgen sollen wir im Haus die Vernehmerzimmer reinigen und die Fenster putzen. Bis Mittag müssen wir fertig sein. Die übrige Woche putzen wir in Objekt Zwei. Wo das ist, weiß ich auch nicht. Sie werden uns hinführen. Renate, du übernimmst mit Ulrike die Fenster. Wir anderen …«

»Mann«, fährt Renate dazwischen, »wie kommst du mir denn vor? Bist wohl dienstgeil? Überschlag dich bloß nicht.«

»Als Kommandoalte muß ich mich darum kümmern«, erklärt Ina. »Das weißt du doch. Die wollen einen Dienstplan von mir, schriftlich.«

»Da haben sie ja die richtige zum Boß gemacht. Sag bloß, du nimmst das ernst mit der Kommandoalten?«

»Sicher«, sagt Ina, knapp und obenhin.

»Na, dann Mahlzeit.«

Renate greift nach ihrer Zigarettenschachtel, hält aber mitten in der Bewegung inne.

»Du bist die mit LL, stimmt's?«

Ina nickt.

»LLer haben einen Jagdschein«, sagt Renate, zündet sich eine Zigarette an und zieht den Rauch tief in ihre Lungen.

»Alle.«

Geht es nicht im Guten, dann eben mit Gewalt, denkt Ina. Wenn sie es nicht anders wollen ...

Sie liegt auf dem Bett und wälzt sich hin und her. Sie kann nicht schlafen.

Die tauschen einfach die Kojen, und keiner kriegt es mit. Wahrscheinlich feixen sie sich eins, die Weiber, und meinen, ich merke auch nicht, was Renate für ein Techtelmechtel abzieht. Fast jeden Abend kriecht sie mit Ulrike unter eine Decke. Die andern halten dicht. Und ich blöde Kuh hab die beiden zusammen zum Dienst eingeteilt. Das war das letzte Mal. Da können sie Gift drauf nehmen.

Jetzt liegen sie nebenan und knutschen. Ich hänge hier ganz alleine rum. Mich mag niemand. Nur Brigitte damals. Das war die einzige. Wenn sie jetzt hier wäre, würde ich mich bestimmt trauen ...

Ina dreht sich auf den Bauch. Sehnsucht nach Zärtlichkeit überflutet sie.

Nein!

Sie springt aus dem Bett, reißt das Fenster auf, wirft Kopfkissen, Decke und Matratze auf die Erde und legt sich auf das blanke Holz, nur das Laken unter sich.

Raus mit diesem Gefühl aus mir, raus, raus! schreit es in ihrem Kopf. Das bringt nur Unglück! Das ist an allem schuld!

Lang ausgestreckt und zitternd liegt sie da, bis

die Kälte ihr Herz erreicht und es wieder ruhiger
schlägt.

Guten Abend, meine Lieben daheim!

Obwohl es draußen schon winterlich aussieht, ist
mir seit Dienstag, dem 15. November 1987, heiß
und kalt. Ich werde den Tag und das Jahr nie vergessen. Ich bin bei der Amnestie dabei! Ich habe die
Zeitstrafe! Ein Zukunftsziel!

Ich kann es noch gar nicht fassen, hatte mit einer
Ablehnung gerechnet. Daß ich 1999 wieder raus darf
und die Aberkennung der staatsbürgerlichen Rechte
sich danach auf zehn Jahre begrenzt – ich pack's
nicht.

Von denen mit LL sind fast alle unter die Amnestie
gefallen. Aber es gibt einige, die das nicht zu schät-
zen wissen, die nichts begriffen haben. Ich wieder-
um kann nicht verstehen, daß die meisten gleich anfangen zu spekulieren, welche Chancen sie später
dann mit dem § 349 haben.

Es ist doch niemand umsonst oder aus Versehen
hier gelandet! Ich muß mir oft auf die Zunge beißen,
wenn ich sie alle reden höre. Aber das habe ich inzwischen gelernt.

Ständig das Gefeilsche über Deliktschwere und
Urteil – ob gerecht oder nicht. Keine von uns kann
das richtig einschätzen, weil wir nicht wissen, ob es
stimmt, was jede so erzählt. Es wird immer was be-
schönigt. Deshalb lasse ich mich nicht zu emotiona-
len Diskussionen hinreißen. Bloß wenn es zu Aus-
spielereien kommt, kann ich nicht ruhig bleiben.

Ansonsten habe ich genug mit mir zu tun. Mit

meiner Sache werde ich nicht fertig, solange ich lebe. Das ist klar. Aber ich kann inzwischen die Kontrolle über mich bewahren. Ich lasse mich nie wieder hinreißen. Da bin ich sicher.

Gestern habe ich ein Nikolausstiefelchen für Suse gebastelt. Bißchen Geld habe ich auch gespart, so daß noch ein Weihnachtsmann und ein paar Pfefferkuchen drinstecken.

Ich umarme und küsse Euch alle. Bleibt gesund und munter, vertreibt die schweren Gedanken, sonst kommt der Nikolaus nicht. Eure Ina.

Kurz vor dem Einschluß wird Ulrike abgeholt.
»Verlegung in einen anderen Vollzug. Nehmen Sie Ihre Sachen mit«, befiehlt der Wachhabende.

Mechanisch packt Ulrike ihr Waschzeug zusammen, ein Buch, eine Tüte mit Schreibkram. Den kleinen, braunen Plüschbären läßt sie auf dem Bett liegen.

»Für Renate«, flüstert sie.

»Alle in die Verwahrräume!«, kommandiert ein Schließer, als die Frauen sich um Ulrike drängen. Niemand sieht, wie Ulrike wenig später weggeführt wird.

Poltern zerreißt die Stille. Etwas kracht gegen eine Zellentür.

Das war der Stuhl, denkt Ina. Jetzt legt sie los.

»Du Schwein!« hört sie Renate brüllen.

»Das hast du ausgeheckt, Ina! Ich bring dich um, du Schwein!«

Das Brüllen geht in lautes Weinen über. Ina preßt

ihr Ohr an den winzigen Spalt zwischen Tür und Wand. Eine Stimme spricht auf Renate ein. Ina kann nicht verstehen, was sie sagt.

»Nein!« schreit Renate und schlägt mit den Fäusten gegen die Tür.

»Die war es! Die muß immer alles zerstören!«

Wieder ein dröhnender Schlag.

»Die ist verrückt! Die muß hier weg! Nicht Ulrike!«

Leises Knirschen zeigt an, daß die Tür am Gangende geöffnet wird.

Ein Glück, denkt Ina, gleich zieht Ruhe ein.

Etwas schleift über den Gang.

»Loslassen!« kreischt Renate.

Ina zuckt zurück.

Die muß direkt vor meiner Tür toben, denkt sie.

»Faßt mich nicht an, ihr Schweine! Ich kann allein gehen.«

Zum hundertsten Mal versucht Ina, durch den Spion wenigstens einen Schatten zu erkennen. Aber sie sieht nichts. Nur einen rötlichen Schimmer.

Das muß das rote Licht sein, überlegt sie. Also bringen sie Renate weg. Damit ist ihre Karriere als Hausarbeiter nun wohl zu Ende.

»Ich hoffe, Sie kommen jetzt besser zurecht im Kommando. Glückwunsch übrigens zur Amnestie.«

Der Erzieher Höft, Sascha heißt er, wie Ina weiß, lächelt ihr zu. Er sitzt auf der Kante seines Schreibtischs und baumelt mit einem Bein.

»Danke«, sagt Ina. »Langsam hab ich mich an den Gedanken gewöhnt, daß ich eines Tages wieder rauskomme. Immerhin, fünf Jahre sind schon rum. Zehn liegen noch vor mir. Manchmal habe ich das Gefühl, als könnte ich tatsächlich so lange aushalten.«

Höfts Lächeln ist verschwunden. Er schaut Ina an, minutenlang. Dann wendet er den Blick ab und sagt leise, wie zu sich selbst: »Ja, der Mensch hält eine Menge aus.«

Ina fühlt sich sonderbar berührt. Was hat er? denkt sie. Was schlägt er plötzlich für einen Ton an?

»Wissen Sie«, redet Höft weiter, und seine Stimme klingt ein wenig rauh, »ich habe Ihre Akte schon zum zweiten Mal gelesen. Gut, niemand sieht so aus wie seine Akte. Das ist eine Binsenweisheit. Aber bei Ihnen, Strafgefangene Krüger«, er betont jede Silbe des Wortes, beugt sich vor und blickt Ina ins Gesicht, »da paßt nichts zusammen. Das wollte ich Ihnen mal sagen.«

Oh Gott, denkt Ina und versteinert.

Höft legt seine Hand auf ihre Schulter. Sie zuckt zusammen, doch sie schüttelt die Hand nicht ab.

»Wenn Sie die zehn Jahre überstehen wollen, dann müssen Sie …«, er sucht nach Worten, »dann müssen Sie irgendwas ändern. Ich weiß nicht, was. Aber Sie, Sie wissen es.«

Ina beißt die Zähne zusammen.

Ich sitze in mir drin, betet sie, ich sitze in mir drin und schaue zu meinen Augen aus mir heraus. Nichts kann mich treffen.

Lingelbach lehnt in der Tür. Als das rote Licht am Ende des Ganges aufflammt, zieht er sie hinter sich zu, als hätte er Augen im Rücken.

»So, meine Täubchen«, sagt er und klatscht zwei-, dreimal in die Hände, »in dieser Woche müßt ihr mal ein bißchen flotter flattern. Zwei von euch brauche ich in der Wäschekammer. Krüger, Sie teilen das ein. In zehn Minuten ist Abmarsch.«

Wenn der Alte sich hierher bemüht, ist was im Busch, denkt Ina.

Kaum ist der Major verschwunden, weist sie den Frauen die Arbeit zu. Vier zum Putzen, eine für die Wäsche.

Als zweite geh ich selber, nimmt Ina sich vor, die Wäschekammer kenne ich noch nicht.

Neonlicht beleuchtet endlose Regale voller Bettzeug, Handtücher, Nachthemden, Unterhosen … Zwei Frauen sortieren Sachen in Wäschekörbe. Die Erstausstattung, sieht Ina sofort.

»Los, packt mit an«, sagt eine der beiden, »heut sollen fünfhundert Körbe raus. Wir schleppen das Zeug her, wir kennen uns hier besser aus. Und du«, sie zeigt auf Ina, »stellst die Körbe auf den Tisch.«

In einer Kammer ohne Fenster stapeln sich Plastikkörbe bis unter die Decke. Eine Reihe rote, eine Reihe grüne, gelbe und weiße. Dann wieder von vorn, rot, grün, gelb, weiß.

Jemand hat sie nach Farben geordnet, wundert Ina sich. Sie zieht die roten Körbe in die Mitte der Kammer, hebt wenigstens zehn auf einmal vom Stapel und trägt sie zum Tisch.

Die fertig gepackten Körbe reiht sie in der Nähe der Tür auf. Alle zwei Stunden öffnet sich die Tür, und vier Gefangene, Männer, bewacht von einem

Schließer, schaffen die Körbe in den Flur. Es fällt kein Wort.

Irgendwann hält Ina es nicht mehr aus.

»Was ist denn los?« fragt sie eine der fremden Frauen. »Erwarten die so viele Zugänge?«

»Ja, hast du nicht gelesen? Stand doch gestern im ND.«

»Was denn?«

»Randalierer haben das Volksfest zum 40. Jahrestag der DDR gestört. Rotteten sich am Alexanderplatz zusammen und riefen republikfeindliche Parolen. Die Rädelsführer wurden festgenommen«, rezitiert die Frau, als sage sie ein Gedicht auf, lächelt ironisch und schlüpft wieder zwischen die Regale.

»Die müssen wir jetzt versorgen.«

»Erzähl keine Märchen«, ruft Ina ihr nach, »fünfhundert Rädelsführer! Wo gibt es denn so was!«

»Frag mich doch nicht, wenn du es besser weißt.«

Die Frau knallt einen Stapel Bettwäsche auf den Tisch.

»Ich kann mir aber nicht vorstellen, daß sie uns diesen Tanz zum Vergnügen veranstalten lassen.«

Die Schließer tragen Waffen. Etwas Bedrohliches sickert durch die Mauern. Ina spürt es wie die anderen auch.

Jeden Abend stellt sie den Fernsehapparat auf dem Gang an, immer zur Nachrichtenzeit. Sie sieht hin und hört zu. Das Politbüro erklärt, »daß der Sozialismus jeden braucht und Platz für alle hat.« Nichts Neues.

»Mach leiser«, fordern die Frauen, »verarschen können wir uns alleine.«

»Leute hauen ab.«

Höft bricht eines Tages das Schweigen.

»Massenweise, über Ungarn und die ČSSR. Sie klettern über die Zäune der Botschaften, mit Kind und Kegel. Seit ein paar Tagen haben wir deshalb die Grenze zu den Tschechen geschlossen. Und heute das«, er schiebt Ina das »Neue Deutschland« über den Tisch und deutet auf eine knappe ADN-Meldung.

»Nach Friedensgebeten in fünf Leipziger Kirchen trafen sich gestern zehntausende Bürger der Messestadt sowie aus dem Bezirk Leipzig und aus angrenzenden Territorien zu einer Demonstration«, liest Ina halblaut.

»Der Zurückhaltung der Sicherheitskräfte und der eingesetzten Ordnungskräfte sowie der Demonstranten ist es zu danken, daß es zu keinen Ausschreitungen kam.«

»Zehntausende? Das kann nicht sein«, flüstert Ina.

»Doch. Wenn es im ND steht …«

Höft bläst die Luft durch die Nase.

»Es sind eher mehr. Vorige Woche hießen sie übrigens noch Konterrevolutionäre und Störenfriede. Heute werden sie zurückhaltend Demonstranten genannt. Das ist erstaunlich.«

Ina kann nicht fassen, was Höft ihr erzählt und was sie gelesen hat. Daß er überhaupt … Warum bloß? Drehen denn alle durch, drinnen und draußen? Dieses bedrückende Gefühl, das sie seit Tagen nicht mehr verläßt, nimmt z".

»Ich faß es nicht! Die machen die Grenzen auf …«

»Und wir sitzen hier drin und können nicht mit!«

»Die steigen auf die Mauer! Das muß am Brandenburger Tor sein! Mensch, und die Polizei guckt zu …«

»Daß die nicht schießen?«

»Die können doch nicht alle abknallen. Wie der Bulle glotzt! Als ob er die Welt nicht mehr versteht.«

»Ich versteh die Welt auch nicht mehr …«

Seit Tagen drängen sich die Frauen in jeder freien Minute vor dem Fernsehapparat. Bis zur Spätausgabe der Aktuellen Kamera harren sie im Gang auf ihren harten Stühlen aus. Kein Schließer scheucht sie in die Zellen. Selten läßt sich jemand bei ihnen blicken.

Er vertraut mir, denkt Ina. Er ist der erste Mensch, der mir wirklich vertraut. Der erste in meinem Leben.

»Mich kotzt das auch an, daß sie alle in den Westen wollen. Dieses Gieren nach dem Geld und dem ganzen Talmi. Wie sie sich mit Sekt besaufen und sich in die Arme fallen. Als ob sie gleich …« Ina sucht nach einem Wort.

»Überschnappen.«

Höft bringt den Satz zu Ende.

»Ja, wie die Verrückten. Jedes zweite Wort ist Wahnsinn. Haben die denn gar nichts begriffen?«

Er preßt sich die Fäuste auf die Augen.

»Demnächst werden hier eine Menge Leute entlassen, glauben Sie mir. Alle Republikflüchtlinge auf jeden Fall. Ist doch unlogisch, daß die sitzen, während die Massen auf dem Kudamm tanzen. Unlogisch!«

Höft schlägt sich an den Kopf.

»Was ist schon logisch?«

Verrückt, denkt Ina. Dabei ist es noch gar nicht lange her, daß wir die fünfhundert Körbe packten. Wer die wohl ausgeräumt hat?

»Überall brüllen sie: Stasi an die Stanze. Das Chaos marschiert. Wenn wir jetzt nicht aufpassen, geht alles den Bach runter.«

»Sogar Christa Wolf warnt vor dem Ausverkauf der DDR«, sagt Ina.

»Ja.«

Höft runzelt die Stirn.

»Ich hab zwar nie was von ihr gelesen. War mir zu vergrübelt. Aber jetzt steht sie auf unserer Seite.«

Er strafft sich.

»Für unser Land. Der Ruf ist richtig. Wir beide haben ihn gehört, Ina«, sagt er und legt die Hand auf die Erklärung, die sie vor einer halben Stunde unterschrieben hat.

Alles hätte ich unterschrieben, denkt Ina, alles. Und nun bin ich sein Mitarbeiter. Sein informeller, wie es heißt. War ich ja sowieso schon, auch ohne Unterschrift. Aber jetzt ist es anders. Es ist besiegelt. Für immer und ewig. Wie bei einer Hochzeit.

Ob er noch jemanden gefragt hat? Nein, kann ich mir nicht vorstellen. Er hat bestimmt nur mich gefragt.

Katja soll ich mich nennen. Er findet, Katja ist ein schöner Name. Er sagt, daß Katja besser zu mir paßt als Ina.

Katja paßt auch besser zu Sascha. Sascha Höft und Katja Krüger.

Oh, Gott. Draußen tobt das Chaos, aber ich sitze hier und bin glücklich. Verrückt.

»Ich halt es nicht mehr aus. Mir platzt die Birne.«

»Menschenskind, wenn man sich das überlegt! Erst kanten sie den Erich, dann tritt der Krenz zurück, und jetzt streiken sie im Knast.«

»Das muß Rummelsburg sein. Was steht da auf dem Plakat? Generalamnestie! Ja! Will ich auch! Ich will raus hier!«

Vor dem Bildschirm drängen sich die Frauen. Zwei sitzen auf der Erde, die anderen hocken hinter ihnen, hängen sich beieinander ein und schunkeln im Takt.

»Wir wollen raus hier! Wir wollen raus hier!«

»Uns lassen sie nicht gehen«, sagt Ina, dreht sich um und versucht, die Schunkelnden festzuhalten.

»Wer soll denn sonst putzen? Die drei Schließer schaffen das nicht.«

»Für wen putzen wir überhaupt? Sitzt doch keiner mehr außer uns.«

»Mensch, uns haben die vergessen. Wir sind die letzten, die hier noch verschmachten.«

»Ja, genau. Und die Stasi-Leute verfressen inzwischen unser Begrüßungsgeld im Westen.«

»Ach, hört auf. Die haben doch im Westen nichts verloren«, sagt Ute und tippt sich an die Stirn..

»Hast du 'ne Ahnung …«

So, denkt Ina. Jetzt ist es aus. Jetzt ist es aus mit Stimmungen und Meinungen. Aus und vorbei. Jetzt ist er weg.

Ich versteh ihn ja. Hier kann er nicht bleiben. Hier haben sie ihn gleich am Arsch.

Hoffentlich findet er eine Arbeit.

Ina preßt die Stirn an die Fensterscheibe. Trübe

und kalt ist es draußen. In den Treppenhäusern der gegenüberliegenden Zellentrakte brennt Licht. Die Zellen sind dunkel.

»Ina!« ruft eine Frauenstimme, »komm, die Nachrichten fangen an.«

Ina antwortet nicht. Sie lehnt am Fenster. Vor ihren Augen verschwimmt die Dunkelheit.

Sascha, denkt sie, wo bist du jetzt? Was soll ich machen ohne dich? Mit wem soll ich reden?

Ina wischt sich die Tränen ab. Reiß dich zusammen, denkt sie, die anderen müssen nicht merken, wie du durchhängst. Er hat versprochen, daß er schreibt.

Major Lingelbach trägt eine andere Uniform. Eine blaue. Er grinst, als er Inas Blick auffängt.

»Meine sehr verehrten Damen, darf ich um Ihre Aufmerksamkeit bitten?« Lingelbach schaut in die Runde und amüsiert sich über die Fassungslosigkeit der Frauen.

»Es werden Ihnen in den nächsten Tagen ein paar Kollegen begegnen, die Sie noch nicht kennen. Tja, neue Kaiser, neue Kleider, neue Leute. Ich darf doch auf Ihre Kooperation zählen?«

Aufpassen, denkt Ina, genau hinhören, alles registrieren. Das Aas hat irgendwas vor.

»Die Herren sind aus dem Innenministerium zu uns versetzt worden und werden ihren Dienst hier versehen.«

Lingelbach wippt auf den Fußsohlen.

»Übrigens bin ich davon überzeugt, daß es nicht mehr lange so ruhig bei uns bleiben wird«, fährt er fort. »Also richten Sie sich darauf ein, künftig wieder etwas kräftiger zuzupacken. Die Erholungsphase geht zu Ende.«

Überraschend schnell für seine Körperfülle dreht Lingelbach sich auf dem Absatz um und deutet auf Ina.

»Sie, Krüger, können doch lesen und schreiben. Sie werden sich der Bibliothek des Hauses annehmen. Die muß auf Vordermann gebracht werden. Es soll sich da wohl noch das eine oder andere Werk befinden, das nicht mehr ganz der Zeit entspricht. Eine kleine Auslese, Sie verstehen?«

Ina nickt.

In den nächsten drei Tagen säubert sie die Bücherregale: Kein Marxismus-Leninismus, kein sozialistischer Realismus, lautet der Auftrag. Es bleibt nicht viel übrig.

In der Nähe der Tür sitzt ein neuer Schließer, raucht eine Zigarette nach der anderen, gähnt ab und zu und blättert in der »Super-Illu«. Auf dem Titelbild eine Blonde mit schwarzen Strapsen.

Du Schwein, denkt Ina.

»Die machen den Laden dicht hier. Eine von den Blaumeisen aus dem Innenministerium hat es mir gesteckt«, sagt Ina und gießt Tee in ihre Tasse.

»Ach was, ein ordentlicher Knast wird immer gebraucht.«

Die Frau neben ihr nimmt Ina die Kanne aus der Hand.

»Wo sollen sie denn hin mit den Drogendealern, die jetzt den Osten überschwemmen. Ins Regierungskrankenhaus?«

Sie schüttelt die letzten Tropfen in ihr Glas und gibt Ina die Kanne zurück.

»Setz mal Wasser auf, Kommandoalte, der Tee ist alle.«

»Ich weiß nicht«, sagt Ina, »ich hab so ein komisches Gefühl.«

Sie steht auf und geht zum Waschbecken, dreht den Wasserhahn auf und läßt Wasser in den Kessel laufen. Dann setzt sie ihn auf die Kochplatte.

»Der Lingelbach spuckt keine großen Töne mehr, läßt sich überhaupt nicht blicken. Und die Blaumeisen schleimen, daß es einen schüttelt. Wißt ihr, was das zu bedeuten hat?«

»Nein«, sagt eine, »wir haben nicht so einen guten Draht zur Obrigkeit wie du.«

»Das bedeutet, daß ihre Pläne nicht aufgehen.«

Ina spricht weiter. Sie hat die Spitze überhört, redet wie zu sich selbst.

»Die Stasizentrale in Lichtenberg haben sie gestürmt. Und diese verheulte Tussi vom Neuen Forum fordert, daß man Museen aus den Knästen macht. Trotzdem haben alle CDU gewählt, und hier bei uns ist kein Mensch eingezogen. Oder seid ihr jemandem begegnet?«

»Nö«, sagt eine, »ich graule mich schon richtig.«

»Die machen den Laden dicht.«

Ina schlägt mit der Hand gegen ihren Oberschenkel.

»Ich sage es euch. Die Frage ist bloß, was mit uns wird.«

»Vielleicht lassen sie uns raus?«

»Nein«, sagt Ina. »Dich nicht und mich nicht. Wir haben beide fünfzehn Jahre. Und gut ein Drittel ist bei mir erst rum. Denkst du, irgendeiner auf der Welt schenkt uns den Rest?«

Sie dreht sich um und hebt den Kessel an.

»Scheiße, das Wasser ist verkocht.«

»Na und«, sagt eine, »setz neues auf. So viel Zeit muß sein.«

Sascha hat recht gehabt, denkt Ina, es geht alles den Bach runter. Sogar das Gefängnis.

Warum schreibt er nicht? Er will nichts mehr mit mir zu tun haben. Er baut sich ein neues Leben auf. Und ich? Ich weiß überhaupt nicht, was ich machen soll.

Die anderen haben sich schon entschieden. Alle gehen in ihre alten Knäste zurück. Was soll ich in Leipzig oder in Cottbus? Kenn ich nicht. Und Hoheneck? Nein. Nie wieder in diese Gruft. Keinen Schritt zurück.

Ich bleibe in Berlin, was immer das heißt.

»Tja, Krüger, Sie wollten es nicht anders.«

Lingelbach faltet die Hände über seinem Hosenbund.

»Sie hatten die Wahl. Aber bei Ihnen muß es ja immer das Besondere sein.«

»Ich möchte in Berlin bleiben, weiter nichts«, sagt Ina. »Vielleicht kann ich später mal ...«

»Später?«

Lingelbach lächelt süffisant.

»Soll ich dir sagen, was passiert, Mädchen? Später stellen sie dich als Stasinutte an den Pranger und zeigen mit dem Finger auf dich.«

Du willst mir Angst machen, denkt Ina. Dabei hast du selber welche. Scheißende Angst. Das sieht dir ein Blinder an.

»Nun gut, Krüger, dann passen Sie mal schön auf, daß Sie sich nicht verplappern demnächst.«

»Ja, Genosse Major.«

Lingelbach hebt die Augenbrauen.

»Herr Major, Krüger, Herr Major sagt man jetzt. Sind Sie so vergeßlich? Oder wollen Sie mich provozieren, drei Tage vor Toreschluß?«

»Entschuldigen Sie bitte, Herr Major.«

Halt dich zurück, denkt Ina, reiz ihn nicht. Noch kann er dir schaden.

»Ihr Kommando geht morgen in die Wäschekammer. Suchen Sie sich dort eine vernünftige Ausstattung zusammen mit Ihren Damen. Ganz nach Belieben. Schließlich sollen Sie nicht in Sack und Asche in den Westen gehen«, sagt er, springt behende aus dem Sessel und reißt die Tür auf.

»Und jetzt ab durch die Mitte.«

Die wachhabende Blaumeise führt die Frauen in die Wäschkammer. Halbleer sind die Regale, stellt Ina fest.

»Nehmen Sie sich bitte einen Korb aus der Kammer und sehen Sie zu, was Sie brauchen können«, sagt die Blaumeise. »Ich zähle nicht nach.«

»Fehlt bloß noch, daß er danke sagt, wenn wir uns einen BH mehr einstecken«, flüstert eine der Frauen Ina zu. »Ich möchte mal wissen, wo die Sachen alle geblieben sind, die hier lagen.«

»Die haben sie sich unter den Nagel gerissen.«

Ina gibt sich keine Mühe, leise zu sprechen.

»Sollen bloß nicht denken, daß wir in Tränen ausbrechen vor lauter Freude, weil für uns noch was übriggeblieben ist.«

Einen Trainingsanzug sucht Ina sich aus, einen braunen, engen Rock mit passender Jacke, braune Pumps und weiße Turnschuhe. Unterwäsche, Nachtzeug und Strumpfhosen nimmt sie gleich im Dutzend. Was ich habe, habe ich, denkt sie.

Nach und nach füllen sich die Körbe. Hinter den Regalen probieren die Frauen Röcke und Blusen. Die Blaumeise kehrt ihnen den Rücken zu und läßt sie gewähren.

»Ich komm mir vor wie im Kaufhaus«, kichert eine.

»Kannst die Blaumeise ja mal fragen, wo die Kasse ist«, schlägt Ina vor.

»Lieber nicht. Sonst kassiert die uns tatsächlich ab.«

Acht blaue Müllsäcke stehen auf dem Gang, in Reih und Glied. Auf jedem klebt ein Namensschild. Ein Namensschild und keine Nummer.

Gleich marschieren sie los, die dicken Tüten, denkt Ina. Wie in einem sowjetischen Märchenfilm. Oder sie lösen sich in Luft auf, und alles war ein Traum.

Vier Frauen kauern auf Inas Bett und trinken seit Stunden starken, schwarzen Tee. Mitternacht ist längst vorbei. Keine kann schlafen.

»Ich weiß nicht«, sagt eine, »ich fand dich ja immer zum Kotzen, Ina. Aber neuerdings imponierst du mir irgendwie. Daß du dich in den Westen traust … Hast du denn gar keine Angst?«

»Nein. Was soll mir passieren?«

Ina hebt den Kopf ein wenig und merkt, daß alle sie ansehen.

»Doch«, entfährt es ihr plötzlich, »mir ist ganz schlecht vor Angst. Ich habe richtige Krämpfe im Bauch.«

»Geh mal aufs Klo«, sagt eine, »das hilft.«

Als Ina wiederkommt, rauchen die anderen.

»Hier«, sie zieht eine Schachtel Zigaretten unter dem Kopfkissen hervor. »Es sind noch zehn Stück drin. Die könnt ihr haben.«

»Nobel«, sagt eine, »wie kommt es denn?«

»Ich rauch nicht mehr. Ab jetzt rauche ich nicht mehr.«

»Du spinnst.«

»Nein«, sagt Ina, »ich meine es ernst. Den größten Schiß habe ich vor Drogen. Der Knast im Westen soll voll davon sein. Du kriegst doch gar nicht mit, was du da rauchst.«

»Stimmt.«

Die Frau neben ihr legt den Arm um sie.

»Aber mir kann das egal sein. Ich geh nach Cottbus. Da rauchen sie Braunkohle.«

»Immer noch besser als Koks«, sagt eine.

Ina lacht.

Das ist der Schlüssel. Ina zuckt zusammen. Das sind Lingelbachs Schritte. Die erkenne ich unter Tausenden.

Als sich die Zellentür öffnet, steht Ina im braunen Kostüm, braune Pumps an den Füßen, direkt vor dem Major. Er prallt zurück. Sie überragt ihn.

Fünf Zentimeter sind es wenigstens, denkt sie, du kleine Ratte.

»Alsdann, Krügerchen.«

Lingelbach hat sich gefaßt.

»Die West-Minna wartet auf dem Hof.«

Der fünfte ist meiner und der sechste auch, zählt Ina. Sie hebt einen der blauen Säcke an. Er ist schwer. Der nächste wiegt weniger. Sie klemmt ihn sich unter den Arm und will den anderen hinter sich herschleifen.

»Helfen Sie der Dame, Herr Kollege«, weist Lingelbach die Blaumeise an, die die Tür aufhält. Sofort greift der Schließer zu und nimmt Ina den Plastiksack ab.

In der Tür dreht Ina sich um.

»Macht's gut«, sagt sie zu den Frauen, die im Gang stehen und ihr wortlos nachstarren.

»Laßt euch nicht unterkriegen.«

Der Osten sieht immer noch aus wie nach dem Krieg«, mokiert sich der Fahrer. »Wenn die hier die alten Wahlplakate abreißen, fällt alles zusammen.«

»Du kannst mich mit verbundenen Augen in der Stadt aussetzen. Ich merke sofort, wo ich bin. Ich rieche das«, hört Ina den anderen sagen. »Drück mal ein bißchen auf die Tube. Ich will wieder rüber.«

Blöde Hunde, denkt Ina, elendes Schließerpack. Die sind ja noch schlimmer als unsere. Wie sie mich angeglotzt haben, als ich in ihre belämmerte Minna kroch. Dabei sieht die auch nicht anders aus als unsere. Eine Buchte mehr haben sie drin. Wunderbar. Können sie mehr Leute einknacken.

Die haben vorhin noch jemanden mitgenommen, fällt ihr ein. Wen bloß?

Das Auto hält. Ina hört, wie sich ein Tor bewegt.

Aha, die Schleuse, denkt sie. Gibt es also im Westen auch.

Langsam fährt das Auto weiter, nur ein kurzes Stück. Dann bleibt es wieder stehen. Die Tür der Buchte öffnet sich, Ina steigt heraus und zieht sich ihren Rock über die Knie. Weiße Wände blenden sie. Sie kneift die Augen zu.

»Die nächste, bitte«, sagt ein Uniformierter und tritt ein Stück beiseite. Ina blinzelt.

Nein, nur das nicht, durchzuckt es sie. Mach, daß ich mich irre.

Aber sie täuscht sich nicht. Es ist Ulrike, die da aussteigt.

»Hallo«, sagt Ulrike leise.

Ina sieht ihr an, daß sie sich nicht freut.

Endlich allein!

Ina läßt sich auf das Bett fallen. Sie ist froh, daß sie die Zelle nicht mit Ulrike teilen muß. Klein, aber mein.

Wenn sie aufblickt, schaut sie auf das Fenster. Schräge Gitterstäbe unterteilen das große Quadrat. Noch ein paar eiserne Kringel, dann sieht es aus wie bei Laubenpiepers.

Ina springt vom Bett, rückt den Tisch vor das Fenster und stellt den Topf mit der Birkenfeige darauf.

Schöner Anblick, denkt sie.

Plötzlich bekommt sie Lust, weiterzumachen, sich einzurichten. Sie rupft die beiden blauen Säcke auf und wirft alles, was sie besitzt, auf das Bett.

Im Schrank hängen Bügel. Ina staunt. Sie zieht ihr braunes Kostüm aus, drapiert es auf einen Bügel und schlüpft in den Trainingsanzug. Danach räumt sie die Fächer ein. Den Karton mit Briefen und Fotos von Susanne und den Eltern stellt sie ganz unten in den Schrank, neben die Schuhe.

Über dem Kopfende des Bettes ist ein Bücherbord angebracht. Ina streicht mit dem Finger darüber. Das Holz fühlt sich glatt und warm an. Sie stellt das Buch darauf, das einzige, das sie mitgenommen hat. Eva Lippolds »Haus der geschlossenen Tore«. Einsam lehnt es in der linken Ecke.

Das sieht zu traurig aus, denkt Ina.

Aus dem Schrank holt sie das Keramikgeschirr aus der Stasiküche und baut es neben dem Buch auf.

Vielleicht kann ich Papier und Klebstoff kriegen, überlegt sie. Dann mach ich mir aus den Fotos von Suse ein Wandbild und hänge es über das Bett.

»Frau Krüger«, ertönt eine Stimme in der Zelle, »kommen Sie bitte in zehn Minuten zu uns in den Beamtenraum. Wir wollen uns bekanntmachen.«

Ina steht da wie ein Stock.

Was war das? Wer spricht hier?

Sie sieht sich um. Über der Tür hängt ein kleiner Lautsprecher.

Scheiße, denkt sie, die haben eine Sprechanlage. Die können dich überwachen. Jederzeit.

Wer weiß, wo noch überall Wanzen sind.

Ina sinkt auf den Stuhl.

Mann, denkt sie, du blöde Kuh. Du hast wohl vergessen, wo du bist. Nun weißt du es wieder. Ha! Bekanntmachen wollen sie sich. Im Beamtenraum.

Was heißt überhaupt: In zehn Minuten? Ich habe gar keine Uhr. Doch! Klar, die muß irgendwo bei meinem Zeug sein, die haben sie mir zurückgegeben.

Ina sucht den Zellophanbeutel aus der Stasi-Effektenkammer. Da ist er. Die Uhr, der Trauring und der kleine goldene mit dem Türkis. Sie haucht den Ring mit dem Stein an und reibt ihn an ihrem Ärmel. Auf den Ringfinger paßt er nicht mehr. Aber auf den kleinen Finger.

Die Uhr ist stehengeblieben. Ina schüttelt sie. Sie tickt wieder. Zehn Minuten nach drei.

Kann gar nicht sein, denkt Ina. Bestimmt ist es noch nicht mal Mittag.

Es klopft an die Zellentür.

Ina springt auf.

Es klopft wieder, zweimal.

Soll ich jetzt Herein rufen? überlegt sie.

Die Tür geht auf.

Kein Schlüssel, registriert Ina sofort. Die Tür war nicht verschlossen. Was ist denn nun los?

Eine Frau in Jeans und T-Shirt guckt in die Zelle.

»Wo bleiben Sie denn, Frau Krüger? Wir warten alle auf Sie.«

»Entschuldigen Sie bitte, Frau, Frau …«

Ina verhaspelt sich. Ich kenn die Dienstgrade hier nicht, fährt es ihr durch den Kopf. Egal, ich versuch es. »Frau Leutnant.«

»Ich heiße Birgit Rehbein«, sagt die Frau. »Ich bin die Sozialarbeiterin hier. Sorry, daß ich mich noch nicht vorgestellt habe. Kommen Sie mit?«

Ina folgt ihr.

»Wollen Sie die Tür offenlassen?« fragt die Frau.

»Wieso?«

Ina blickt sie verständnislos an.

»Na, weil Sie sie nicht zumachen«, sagt die Frau und gibt der Tür einen Schubs. Knallend fällt sie ins Schloß.

»Ruhe!« brüllt eine Frauenstimme.

»Pardon!« ruft die Sozialarbeiterin.

Wo bin ich denn hier gelandet, denkt Ina. Im Tollhaus?

Alle Plätze sind besetzt. Nein, einer ist noch frei. Neben Ulrike.

Ina setzt sich und streift dabei Ulrikes Arm. Ulrike rückt ein Stück von ihr ab.

Keine Uniformen, sieht Ina. Doch. Eine ist dabei, ganz hinten, am Fenster. Komisch, denkt sie, da lassen die uns mit der Tante und der Sozialarbeiterin allein. Ohne Schließer, ohne Aufpasser.

Jetzt schenkt eine von denen auch noch Kaffee aus. Wollen die uns bestechen?

Für mich keinen Tropfen, nimmt Ina sich vor. Da können sie sich auf den Kopf stellen.

»Mit Milch?« fragt die Frau neben ihr.

»Nein«, sagt Ina, »ich trinke nie Kaffee.«

»Dann eben nicht.«

Die Frau gibt das Kännchen weiter.

Wie die aussieht, denkt Ina. Rot gefärbte Haare und diese Hosen, gemustert wie ein Tigerfell. Meine Güte.

»Ja«, sagt die Uniformierte am Fenster, »großer Bahnhof heute. Zugang aus dem Osten. Das muß gefeiert werden.«

Alle Augen richten sich auf Ulrike und Ina.

»Ich bin Eva Schach«, redet die Uniformierte weiter, »die Vollzugsdienstleiterin …«

Ein obszöner Ton, schmatzend, platzt in den Raum.

»Schach matt«, kichert jemand.

Ina zuckt zusammen.

»Ist ja gut«, sagt die Schach. »Also, das ist hier Haus 2 der Justizvollzugsanstalt für Frauen in Berlin-Plötzensee. Wie Sie wissen …«

Ich weiß gar nichts, denkt Ina. Die sollen mich alle in Ruhe lassen. Ich will zurück in die Zelle.

Vorsichtig dreht sie den Kopf und guckt zu Ulrike. Die hockt neben ihr, im gleichen Trainingsanzug, Arme verschränkt, Knie zusammengepreßt. Ihren Kaffee hat sie nicht angerührt.

»… hoffe ich in Ihrem und unserem Interesse, daß Sie sich schnell einleben. Wenn Sie Fragen haben, dann können Sie die jetzt stellen.«

Die Schach sieht herüber.

Ina schüttelt den Kopf. Ulrike rührt sich nicht.

»Sollte Ihnen später etwas einfallen, können Sie sich auch an mich wenden«, sagt die Sozialarbeiterin. »Ich bin jeden Tag hier und auch ohne Vormelder ansprechbar.«

Vormelder, denkt Ina. Was soll denn das sein. Ach, ist egal. Bloß raus hier.

Die Sozialarbeiterin Rehbein prustet los.

»Ein Vormelder ist doch kein Mann! Das ist ein Zettel, weiter nichts. Ein Formular! Tut mir leid, aber das müssen Sie ausfüllen, Frau Krüger, wenn Sie etwas wollen. Was auch immer. Vorn, im Beamtenraum, liegen die Dinger. Da können Sie sich jederzeit eins geben lassen.«

Ina ist rot geworden. Sie schämt sich für ihre Frage.

»Macht nichts, Frau Krüger.«

Die Rehbein lacht nicht mehr.

»Fragen Sie nur. Ich weiß auch nicht mehr von Ihnen als Sie von dem Betrieb hier. Wissen Sie, was?«

Die Rehbein schaut auf die Uhr.

»Ich hab jetzt noch zwei Stunden zu tun. Sie sind ja nicht die einzige, um die ich mich kümmern muß. Kommen Sie um sechs noch mal runter. Dann habe ich Zeit.«

Sie schaut Ina eindringlich an.

»Kommen Sie, Frau Krüger, ich sage das nicht zum Spaß. Ich hab nämlich um sechs Feierabend. Aber ich bleibe noch ein bißchen, wenn Sie sich entschließen. Sie sind die erste Frau aus dem Osten, die mir über den Weg läuft.«

Kommen Sie runter. Wie das klingt. Wie die das sagt. So ..., ich weiß nicht. So normal! Man kann einfach runtergehen. Zu der Tante.

Nein, wie eine Tante sieht die gar nicht aus. Mehr wie ein Kerl. Mit ihren kurzen Haaren und den Sommersprossen. Ob die Motorrad fährt? Würde zu ihr passen.

Aber die Gefangenen sind ätzend. In ihren Tigerhosen und Schlabberpullis. Erzählt mal, wie war es denn im Ostknast. Was? Kein Ausgang, kein Urlaub? Hu, wie schrecklich! Und sehen uns an, als kommen wir von einem anderen Stern. Und feixen, wenn wir was nicht wissen. Und drängeln sich überall vor. Hauptsache, ich.

»**Heute habe ich sie gesehen**«, sagt Ina und dämpft ihre Stimme.

»Wen denn?« will Ulrike wissen.

»Die Terroristin. Sie arbeitet auch in der Schneiderei. Sieht ganz unscheinbar aus. Redet mit keinem.«

»Was für eine Terroristin? Verarsch mich nicht.«

»Weißt du das nicht?« fragt Ina und wirft sich in Positur.

»Hier sitzt eine von den RAF-Leuten. Deswegen haben sie diesen Knast doch überhaupt gebaut, Mann. Die haben Ende der siebziger Jahre irgendwelche Rechenexempel angestellt und sind darauf gekommen, daß sie einen sicheren Knast brauchen für die RAF-Frauen, damit die nicht abhauen können.«

»Und jetzt sitzen wir drin«, sagt Ulrike trocken.

Sie lehnt an der glatten weißen Mauer und scharrt mit dem Fuß ein paar Kiesel auseinander.

»Du, die soll damals bei der Schleier-Entführung …«

»Mensch, laß mich mit der Ollen zufrieden, Ina. Die interessiert mich nicht.«

Ulrike schlägt mit der Hand gegen die Mauer.

»Hast du eine Ahnung, was hinter diesem Ding brummt? Das ist die Stadtautobahn. Hab ich gestern gesehen. Da zischen sie lang, gleich neben uns, in ihren bunten Blechbüchsen. Und dicke Doppelstockbusse dazwischen, mit Jägermeister-Reklame drauf. Vielleicht kann man sogar über die Mauer hier gukken, wenn man in so einem Ding oben sitzt.«

»Was? Du warst schon draußen?«

Ina kann es nicht fassen.

»Ja.«

Ulrike stößt heftiger nach den kleinen Steinen.

»Und?«

Ina schüttelt Ulrikes Arm.

»Los, erzähl schon.«

Ulrike wehrt ab.

»Kann man nicht erzählen.«

»Komm, mach kein Scheiß. Erzähl«, bittet Ina.

»Na ja …«

Ulrike hebt den Kopf. Sie schließt die Augen. Langsam, als müsse sie jedes Wort erfinden, als täte ihr das weh, spricht sie.

»Die Rehbein hat mich begleitet. Natürlich in Zivil, sonst wäre ich auch gar nicht mitgegangen. Gleich hinter der Schleuse hat sie meine Hand genommen und mich angefaßt. Wie ein Kind. Weil mir die Knie zitterten.«

»Ist ja klar. Würde mir bestimmt auch so gehen nach all den Jahren«, sagt Ina. Der Neid macht ihre Stimme brüchig.

»Die Straße vor dem Knast heißt Friedrich-Olbricht-Damm. Gegenüber der Schleuse stehen alte rote Ziegelsteinhäuser. Da wohnen Beamte drin. Haben schöne Gardinen.«

Ulrike lächelt.

»Dann sind wir die Straße hoch. Am Ende ist eine riesige Kreuzung, mit vielen Ampeln. Ganz weit. Und dahinter Bäume und Wasser. Ich kam mir vor, als ob ich gleich wegfliege. Am liebsten hätte ich die Rehbein auch noch mit der anderen Hand angefaßt. War mir bloß zu peinlich.«

Ulrike räuspert sich.

»Wir sind mit dem Bus zur Seestraße gefahren. Hat keine zehn Minuten gedauert. Da war ein Bäkker an der Ecke. Kleine Igel aus Marzipan lagen im Schaufenster. Jeder Igel hatte ein anderes Gesicht. Ich mußte die alle angucken. Jedes einzelne. Ich hätte gern einen mitgenommen. Nicht zum Essen.«

Ulrike verstummt.

Ina möchte, daß sie weiterspricht. Aber sie wagt nicht mehr, Ulrike darum zu bitten. Also wartet sie.

»Gegenüber ist ein türkischer Imbiß. Sieht drinnen aus wie in der Tropfsteinhöhle, und komischerweise bedienen nur Männer. Alleine hätte ich mich nie reingewagt. Aber die Rehbein wollte was trinken. Coca Cola. In der Büchse. Ich habe mir trotzdem ein Glas geben lassen. Ich trink nicht aus der Büchse.«

Ina nickt.

»Und dann, du glaubst es nicht, habe ich mir einen Lammspieß bestellt. Mit Reis und Salat. Den habe ich ganz langsam aufgegessen. Und dabei immer auf die Straße geguckt, auf die Leute, den ganzen Verkehr und die Hektik. Ich hatte die Rehbein völlig vergessen. Die trat schon von einem Bein auf das andere und meinte, sie könne jetzt nicht mehr stehen und wir müßten bald wieder abdüsen. Abdüsen! Komisches Wort. Ja, so war das.«

»Lammspieß«, sagt Ina. »Kenn ich nicht.«

»Der hat wahnsinnig gut geschmeckt, das kannst du dir nicht vorstellen.«

Ina ärgert sich.

»Und? Wie findest du nun den Westen?« will sie wissen.

»Laut«, sagt Ulrike. »Du kriegst Kopfschmerzen davon. Aber kochen können sie.«

Fressen, Cola saufen. Wie der letzte Spießer. Wahrscheinlich hat ihr der Bauch weh getan, denkt Ina, und nicht der Kopf.

Es wurmt sie, daß Ulrike vor ihr draußen war.

»Hat denn jemals einer mit Ihnen über Ihr Delikt gesprochen?« fragt die Rehbein.

Ina überlegt.

»Nein. Es war nicht üblich, wissen Sie? Die Gefangenen mit den Gewaltsachen, die Langstrafer, reden nicht darüber«, erklärt sie. »Wenn man neu in eine Zelle kam, fragten die anderen, weshalb man sitzt. Dann hat man eben irgendwas erzählt. Bloß nicht die Wahrheit. Damit mußte man alleine fertig werden.«

»Wieso allein? Gab es im Ostknast keine Sozialarbeiter oder Psychologen?«

»Sozialarbeiter …«

Ina lacht.

»Nicht einmal das Wort kannten wir! Bei uns gab es Erzieher. Leute, die horchten einen aus. Mehr nicht. Die konnten das besser als die Schließer, weil sie eine andere Ausbildung hatten. Die meisten von ihnen hatten studiert, nehme ich an. Aber genau weiß ich das nicht. Die erzählten nie was über sich, die wollten immer nur was von uns hören.«

»Und? Haben Sie was erzählt?«

»Im Stasi-Knast hat jede was erzählt. Da bin ich sicher. Die eine mehr, die andere weniger.«

Ina läßt die Rehbein nicht aus den Augen. Erschrickt sie jetzt? Nein. Sie hockt ganz gelassen hinter ihrem unaufgeräumten, mit Papierkram übersäten Schreibtisch und sieht Ina neugierig an.

Ina gibt sich einen Ruck. Es muß es raus, denkt sie. Die Rehbein erfährt es sowieso. Wahrscheinlich hat Ulrike es ihr längst gesteckt.

»Mich haben sie dauernd geholt zu Gesprächen. Die Woche zwei-, dreimal. Manchmal öfter. Da war ich dann sowieso die Klatschtante des Kommandos.«

»Versteh ich nicht«, sagt die Rehbein. »Was wollten die denn? Sie saßen doch gar nicht wegen politischer Sachen, Frau Krüger.«

»Die wollten Berichte über die anderen Frauen. Was die sagen und zu wem und warum. Wer sich mit wem anfreundet. Wer wen nicht leiden kann. Wie wir die Nachrichten im Fernsehen einschätzen. Wir mußten doch immer die Aktuelle Kamera sehen. Ja, alles mögliche wollten die wissen. Selbst der unwichtigste Kram hat die interessiert. Und dann haben sie ihre Fäden gesponnen, haben die Gefangenen gegeneinander ausgespielt.«

»Aber wozu denn? Sie waren doch bloß zum Saubermachen da, denke ich.«

Die Rehbein begreift es nicht.

»Teile und herrsche«, sagt Ina und macht eine Pause.

»Anders kann ich es mir auch nicht erklären. Und kurz vor der Wende sind sie reinweg verrückt geworden. Da haben sie mich jeden Tag geholt, um zu erfahren, wie die Lage ist.«

Die Rehbein zündet sich eine Zigarette an. Sie schnipst Ina die Schachtel über den Tisch.

»Danke«, sagt Ina. »Ich rauche nicht mehr.«

»Lobenswert.«

Die Rehbein blickt den Kringeln nach, die sie in die Luft pustet. Sie schaut aus dem Fenster. Ina wartet.

»Sagen Sie mal, Frau Krüger, die Ulrike Schön, die saß doch auch bei der Stasi. Kennen Sie die?«

»Ja.«

Ina wird rot.

»Erinnern Sie mich bloß nicht daran.«

»Sie mögen sich nicht, stimmt es?«

Ina nickt.

»Und trotzdem ist sie die einzige hier, mit der ich halbwegs reden kann. Mit den Westfrauen geht das nicht. Die versteh ich einfach nicht. Erst fragen sie uns ein Loch in den Bauch. Dann gucken sie uns über die Schulter an. Und was die ständig zu mekkern haben! Die kennen doch gar keinen Knast! Die wissen gar nicht, wie gut es ihnen geht! Ausgang, Urlaub, Freigang ...«

»Na, na, Frau Krüger, Sie müssen mir jetzt nichts über die anderen berichten. Ich kenne die Leute. Und wie der Knast hier läuft, das weiß ich auch.«

Oh Scheiße, denkt Ina. Das war ein Fehler.

Informationsgespräch der Sozialtherapeutischen Abteilung, liest Ina, Donnerstag, siebzehn Uhr, Haus 2.

»Kannst du vergessen.«

Die Rothaarige, in ihrer scheußlichen Tigerhose, steht plötzlich neben ihr.

»Das ist die Mackestation. Da brauchen sie wieder ein paar Figuren, die sie therapieren können. Nichts für mich. Kiffer nehmen sie sowieso nicht.«

Verpiß dich, du Natter, denkt Ina. Aber sie fragt: »Wieso Mackestation? Was meinst du damit?«

»Paß auf, da mußt du jeden Tag über dein Delikt reden. Und dann graben sie dir im Bauchnabel. Mit vereinten Kräften. Das nennen sie Gruppentherapie. Dafür kriegst du dann ein paar Ausgänge extra. Als Belohnung.«

Die Rothaarige grinst.

»Wer geht denn freiwillig ins Irrenhaus? Kennst du einen?«

»Nee«, sagt Ina.

»Na, wie auch, Herzchen. Gab's ja alles im Osten nicht.«

Sie versetzt Ina einen Klaps auf's Hinterteil und trollt sich.

»Du kotzt bloß ab, weil sie dich nicht wollen!« ruft Ina ihr nach.

Die Rothaarige dreht sich um.

»Die wollen mich nicht, und ich will sie nicht. Ist doch okay. Aber laß mal, Herzchen, das verstehst du nicht.«

Sie wirft eine Kußhand in Inas Richtung und verschwindet um die Ecke.

Ein Glück, daß sie solche Leute einknacken, denkt Ina. Wenn die nicht hingeht, bin ich da wahrscheinlich richtig.

Donnerstag, siebzehn Uhr, liest sie noch einmal. Was wollen wir? Wer sind wir? Was bieten wir? Eine hingekritzelte Unterschrift darunter. Ina kann sie nicht entziffern. Macht nichts, denkt sie, gehst du hin. Hörst du dir an.

Dreh bloß nicht durch. Laß alles auf dich zukommen.

Ina versucht, die Aufregung niederzukämpfen. Unwillkürlich verlangsamt sie den Schritt und bleibt ein wenig zurück. Die Beamtin, die sie begleitet, nimmt ihren Arm.

»Kriegen Sie kalte Füße, Frau Krüger? Sie müssen nicht zum Gespräch, wenn Sie nicht wollen. Ich kann anrufen und den Termin absagen.«

»Ist nicht nötig.«

Ina reißt sich zusammen. Noch ein paar Schritte, denkt sie, dann sind wir durch die Schleuse. Dann stehe ich zum ersten Mal auf der Straße.

Als die Beamtin ihr die schwere, gläserne Tür aufhält, taumelt Ina. Mensch, du bist draußen, denkt sie. Wie der Wind bläst, hier vor der Mauer.

Auf dem Parkplatz vor dem Knast stehen etliche Autos und zwei Motorräder, schwere Maschinen.

Eins gehört bestimmt der Rehbein, denkt Ina.

»Kommen Sie, Frau Krüger«, sagt die Beamtin. »Das Gebäude hier nebenan ist Haus 6. Wir müsssen in den ersten Stock. Da ist die Sotha.« Wieder nimmt sie Inas Arm.

Sotha, denkt Ina, alles müssen sie abkürzen. Wie im Osten. Sotha klingt aber besser als Sozialtherapie. Irgendwie gemütlich. Wie Sofa.

Nur ein hoher Metallzaun um das Haus, sieht sie noch. Keine Gitter an den Fenstern im ersten und im zweiten Stock. Aber parterre, da haben sie welche dran.

Vor dem Eingang steht ein schmiedeeiserner Blumenständer, aus dem ein paar vertrocknete Strünke ragen.

Die Beamtin drückt auf einen kleinen, beinahe versteckt angebrachten Klingelknopf. Es summt. Die Tür läßt sich aufdrücken. Zwei Bewacherinnen hinter der Glasscheibe nicken Ina zu.

Eine Minute Freiheit war das, denkt Ina. Du hättest stehenbleiben sollen und ganz tief atmen. Nun bist du wieder drin.

»Lassen Sie uns allein, Frau Krüger. Wir müssen beraten.«

Die Psychologin steht auf und führt Ina in den Gruppenraum.

»Warten Sie hier. Ich rufe Sie, wenn wir fertig sind.«

Der Fernseher läuft. Tom jagt Jerry. Bunte Bilder überschlagen sich. Ina setzt sich so, daß sie den Bildschirm nicht sehen muß.

Neben ihr schneidet eine Frau ein Spiegelei in Stücke. Das Eigelb läuft aus. Mit einer Scheibe Weißbrot tupft die Frau die Flüssigkeit auf. Ein Tropfen fällt auf ihre dunkelblaue Hose. Sie merkt es nicht.

Gegenüber blättern zwei in einem Quelle-Katalog, flüstern und schauen ein paarmal zu Ina herüber.

»Komm her«, sagt die eine plötzlich. »Guck mit rein. Das lenkt ab.«

Ina setzt sich neben sie, obwohl die beiden rauchen wie die Schlote.

»Ich bin Nelly.«

Die Blonde, die sie ansprach, reicht Ina die Hand.

»Und das ist Micha.«

Sie deutet auf die Frau neben sich.

»Michaela. Auch noch in der Probezeit. Wie ich.«

Micha murmelt etwas vor sich hin. Ina versteht es nicht.

Probezeit, denkt sie, die haben's gut. Ob sie mich hier nehmen? Hoffentlich habe ich alles richtig gemacht. Was hätte ich ihnen noch erzählen sollen? Einmal habe ich sogar Vati erwähnt. Bestimmt habe ich viel zu viel geredet. Und zu schnell.

Wahrscheinlich weiß ich auch zu viel. Die nehmen hier bestimmt nur solche, denen sie alles weismachen können, die gar keine Ahnung haben. Trotzdem, ich würde gern bleiben.

Therapie. Das ist nicht so stumpfsinnig. Da kann ich was lernen. Menschen einschätzen, rauskriegen, was mit denen los ist. Mit der Blonden zum Beispiel, die jeden gleich anquatscht.

Hoffentlich nehmen sie mich. Bestimmt tun sie das. So einen Fall wie mich haben sie auch nicht alle Tage. Muß sie doch ganz juckig machen.

Die lassen mich aber lange warten. Das ist kein gutes Zeichen.

Oh, bitte, bitte, nehmt mich.

Ina faltet die Hände und preßt sie so fest zusammen, daß ihre Knöchel weiß anlaufen. Sie schließt die Augen. Nehmt mich, nehmt mich, nehmt mich …

»He, schläfst du?«

Die blonde Nelly stößt Ina an und deutet nach vorn. In der Tür des Gruppenraumes steht eine Beamtin. Es ist die kleine, ältere, mit der Brille.

»Kommen Sie bitte«, sagt sie leise, und als Ina aufspringt, fügt sie hinzu: »Langsam, langsam. Nichts überstürzen.«

Im Dienstzimmer sitzt nur noch die Psychologin. Ina stockt mitten im Raum und geht keinen Schritt weiter.

Das war's, denkt sie. Sie haben mich abgelehnt.

Ihr wird schlecht. Sie preßt die Hand auf den Mund.

»Beruhigen Sie sich, Frau Krüger«, sagt die Psychologin. »Wollen Sie ein Glas Wasser?«

Ina nickt.

Die Bebrillte drückt sie auf einen Stuhl und verschwindet nebenan. Ina hört Wasser rauschen. Sie konzentriert sich auf das Geräusch, und das Sausen in ihrem Kopf läßt nach. Dankbar greift sie nach dem Glas und trinkt die Hälfte des kalten Wassers auf einen Zug.

»So, Frau Krüger«, sagt die Psychologin, und ein winziges Lächeln hellt für einen Moment ihr müdes Gesicht auf. »Wir haben entschieden, daß wir Sie aufnehmen. Aber nicht gleich morgen. Sie müssen Geduld haben. Es dauert noch ein paar Tage, bis alle Formalitäten geklärt sind.«

Sie legt den Stift aus der Hand und schaut Ina in die Augen.

»Wir werden versuchen, Ihnen zu helfen, da Sie es wünschen. Aber es braucht Zeit, viel Zeit, das sage ich Ihnen gleich. Ich bin nicht einmal sicher, ob die vier Jahre bis zu Ihrem Zwei-Drittel-Termin reichen.«

Wieso denn das? denkt Ina erschrocken, aber sie fängt sich sofort. Sie nehmen mich, nur darauf kommt es an. Alles andere wird sich finden.

»Frühestens nächste Woche werden wir Sie hierher verlegen, Frau Krüger«, bestimmt die Psychologin. »Nutzen Sie Ihre Probezeit. Sehen Sie, ob Sie

mit den Frauen klarkommen und ob Sie sich tatsächlich auf die Therapie einlassen wollen.«

»Ja«, sagt Ina. »Ich danke Ihnen, Frau Schmidt.«

»Danken Sie mir nicht zu früh.«

Der Schlüssel liegt auf dem Tisch.
Nicht zu fassen, denkt Ina, das ist jetzt meiner. Sie
nimmt ihn in die Hand, haucht darauf und reibt ihn
am Hosenbein blank.

Mal sehen, ob er überhaupt paßt.

Ina steht auf, geht zur Tür und drückt behutsam
die Klinke herunter, immer auf Widerstand gefaßt.
Aber es funktioniert. Die Tür geht auf. Im halbdunklen Flur sucht sie das Schlüsselloch, steckt den
Schlüssel rein und schließt zweimal. Zu. Und wieder
auf. Zu. Und nochmal auf.

»Schließen ist geil, was?«

Micha, in einem alten Männerbademantel, ein
Handtuch um den Kopf gewickelt, steht neben ihr.
Ina hat nicht bemerkt, daß sie aus dem Bad kam.

»Es geht«, sagt sie und fühlt sich ertappt. »Ich
glaube, das Schloß klemmt ein bißchen.«

»Ja, ja. In der ersten Nacht klemmt hier bei jeder
Hütte das Schloß. Kenne ich. Kannst ruhig weiter-
schließen.«

Micha zieht die Tür gegenüber auf, aber ehe sie
verschwindet, dreht sie sich noch einmal um.

»Fenster ohne Gitter ist auch geil. Mußt du aufpassen, daß du beim Putzen nicht rausfällst. Ehrlich.«

Ein Glück, daß es so schummrig auf dem Gang ist,
denkt Ina. Da sieht die Micha wenigstens nicht, daß
ich schon wieder knallrot bin.

Aus dem Gruppenraum dringt leise Musik.

Gleich halb elf, wundert Ina sich. Wer sitzt denn da noch.

Nelly. In ein Badehandtuch gehüllt und mit nassem Haar. Sie stützt einen Fuß auf den niedrigen Tisch und lackiert sich die Zehennägel.

»Entschuldige«, sagt Ina, »ich wollte nicht stören.«

»Du störst nicht.«

Nelly taucht den Pinsel in das Fläschchen und beugt sich wieder über ihren Fuß.

»Und überhaupt. Stören gehört hier zum Programm.«

»Aha«, sagt Ina und tritt den Rückzug an.

»Gute Nacht.«

Komisch, denkt sie auf dem Weg in ihre Zelle. Haben die jetzt zusammen geduscht? Es gibt doch hier nur ein Bad.

Meine Lieben! Bestimmt ist es richtig, daß Vati den Vorschlag angenommen hat, in den Vorruhestand zu gehen. Da zieht ein bißchen Ruhe bei Euch ein in diesen verrückten Zeiten. Für Mutti ist das eine Entlastung. Und meine Suse hat ihren lieben Opa dann öfter für sich.

Mein Leben ändert sich mal wieder. Ich habe mich für die Sozialtherapeutische Station beworben. Das ist eine Maßnahme der Resozialisierung. Sie haben mich auch angenommen. War völlig problemlos.

Es kann nicht schaden, wenn man bedenkt, daß meine Zeit hier eines nicht mehr allzufernen Tages zu Ende geht. Morgen habe ich die erste Therapiestunde. Ich bin gespannt.

Draußen hat sich alles verändert. Die Fahrscheine, die Ämter, das Geld. Ihr könnt sicher ein Lied davon singen. Aber ich? Ich muß es auch lernen, damit umzugehen. Also muß ich etwas dafür tun.

Stellt Euch mal vor, zu Ostern bekomme ich wahrscheinlich Urlaub und kann Euch dann besuchen. Ich wollte es noch gar nicht schreiben, aber das halte ich nicht aus. Drückt die Daumen, daß es wirklich klappt.

Vati, schickst Du mir bitte die Zugverbindungen von Berlin nach Bad Schandau im nächsten Brief mit? Ich meine das ernst. Wenn es diesmal noch nichts wird, dann später. Die Aufrechterhaltung wesentlicher Bindungen ist nämlich ein wichtiger Punkt auf der Sotha. Und ihr seid meine wesentliche Bindung, die einzige, die ich habe.

Ich umarme Euch alle und freue mich auf das Wiedersehen. Küßchen für Suse.

Eure Ina

PS: Ein bißchen Angst habe ich aber auch. Ob Suse mich erkennt? Ich sehe mir jeden Tag die Fotos von ihr an.

Es gehört dazu, also lege ich mich jetzt fest, denkt Ina. Als Therapeutin nehme ich die Frau Schmidt. Gibt ja ohnehin nicht viel Auswahl. Die andere, die Italienerin, die immer so komisch spricht, ist einfach zu fipsig. Wirkt wie ein Kind, die Frau. Was soll die mir helfen?

Und als Vertrauensbeamtinnen nehme ich Gundel Löffler und die Frau Wedel. Eine kleine, nette und eine große, strenge. Gute Mischung.

Vertrauensbeamtin. Meine Güte! Als ob man einer Beamtin wirklich vertrauen könnte. Schon das Wort allein! Wie junger Greis oder schwarzer Schimmel. Da haben sie sich ja was einfallen lassen.

Beamtin bleibt Beamtin, ob sie nun in Uniform rumrennt und mit dem Schlüssel klappert oder nicht. Na gut, ohne Uniform, das sieht ein bißchen angenehmer aus, stimmt schon. Man merkt besser, was es für Frauen sind, wenn sie Privatklamotten tragen. Trotzdem, mehr als ein großer Bluff steckt nicht dahinter.

Die anderen können sie vielleicht mit diesem Getue beeindrucken. Mich nicht. Vertrauen. Ha! Vertrauen ist gut, Kontrolle ist besser.

Wer hat das eigentlich immer gesagt? Ja, Vati. Das war sein Spruch. Und er stimmt.

»**Gar nichts muß ich**«, sagt Nelly. »Essen, trinken, pinkeln und schlafen muß ich. Weiter nichts.«

Sie knallt die Tasse auf den Unterteller, steht auf und schlurft aus dem Raum.

Die Frauen hören, wie ihre Zellentür zufällt. Vorsichtig drückt Micha Nellys liegengebliebene Zigarette im Aschenbecher aus. Jemand seufzt.

»Das bringt doch nichts«, sagt Ina.

Micha guckt hoch.

»Was meinst du?« fragt sie.

»Jetzt schmeißt sie sich auf's Bett und heult. Morgen früh ist sie wieder dicke da. Aber das Problem hat sie nicht geklärt.«

»Na und?«

»Ich meine, ein Brief ans Arbeitsamt reicht eben

nicht. Da muß sie sich halt hinbemühen, wenn sie möchte, daß die ihre Ausbildung finanzieren und ...«, sagt Ina.

»Ja. Du weißt mal wieder ganz genau Bescheid«, unterbricht eine der Frauen sie. »Warst du schon mal auf dem Arbeitsamt, Ina? Weißt du, wie sie dich da anglotzen, wenn du aus dem Knast kommst? Nee, weißt du nicht. Du hockst drüben in der Schneiderei, hinter der Mauer, und bildest dir ein, du hast Durchblick. Mensch, halt bloß die Klappe.«

Ina zuckt mit den Schultern.

»Entschuldigung«, sagt sie, »ich habe es nur gut gemeint.«

Warum greift denn die Schmidt nicht ein? denkt sie. Die ist doch die Chefin hier. Die müßte mich doch unterstützen.

»Ich schau nachher mal zu Nelly rein, Frau Schmidt«, sagt Micha.

»Tun Sie das.«

Die Therapeutin steht auf.

»Schluß für heute«, sagt sie, blickt zufrieden in die Runde und geht.

Ina sieht nichts. Nur das kalte Treppengeländer gibt ihr Halt. Sie tastet sich die Stufen hoch. Die Tür neben dem Beamtinnenraum. Der Flur. Da ist die Hütte. Ina fällt aufs Bett.

Mit der Faust schlägt sie gegen die Wand am Kopf-ende. Immer wieder. Sie merkt nicht, daß ihre Hand zu bluten beginnt. Ein roter Fleck, der mit jedem Schlag dunkler wird, bleibt an der Wand zurück.

Suse ist da, hämmert sie. Ich habe sie ihm gegeben.

Suse ist da. Er wird es mit ihr genau so machen wie mit mir. Suse ist da. Und das ist meine Schuld.

Ich ertrag es nicht.

Ihn hätte ich umbringen müssen. Nicht Achim. Was konnte denn Achim dafür. Der arme Kerl.

Ich halte es nicht mehr aus.

Ina kniet sich hin und schlägt mit dem Kopf gegen die Wand. Es tut weh. Sehr weh.

Ich schaff es nicht. Ich kann nur andere umbringen. Mich nicht. Ich bin schrecklich. Schrecklich und feige.

Ina lehnt den Kopf an die Wand.

Wasser, denkt sie, Wasser muß her. Alles abwaschen. Sie stemmt sich hoch und taumelt in den winzigen Waschraum. Schwankend steht sie vor dem Spiegel. Sie erkennt sich nicht. Ein Gesicht mit einem blutenden Mal auf der Stirn starrt sie an. Mördergesicht. Sie kann ihren Blick nicht davon lösen.

»Es tut weh, Frau Krüger.«

Die Therapeutin nickt.

»Und Sie fühlen das.«

Ina preßt die Hand auf den Mund und beißt in ihre Knöchel. Sie will nicht schreien. Sie hat noch nie geschrien in diesem stillen Raum.

»Los«, flüstert die Therapeutin, »lassen Sie es raus, Ina. Schreien Sie, so laut Sie können. Brüllen Sie endlich.«

Ina schreit. Es klingt wie ein Wimmern. Sie erschrickt vor dem schwachen Ton.

»Ina«, die Therapeutin beugt sich vor und flüstert fast, »weil es so wehtut, merken Sie, daß Sie fühlen.

Sie sind ein Mensch, der etwas spürt. Der wieder etwas spürt.«

Haß. Haß ist das. Ich hasse ihn.
Der ist nicht mein Vater. Ein Ungeheuer ist er. Und Mutti auch.

Wie ich sie hasse, diese elenden Eltern. Diese …

Ina stößt die Luft aus den Lungen. Immer wieder. Jedesmal wird ihr ein wenig leichter davon.

Eine Eule, ein Stein und eine Schlange. Das soll ich sein. So sehen die anderen mich.

Ina weint. Sie sitzt an ihrem Tisch, die Hände auf den Knien, und weint. Sie läßt die Tränen laufen.

Immerhin, denkt sie plötzlich, die Eule ist ja kein blöder Vogel.

Sie muß kichern.

Hab ich eigentlich schon mal gekichert, überlegt sie und sucht nach einem Taschentuch. In der Hosentasche steckt keins. Aber unter dem Kopfkissen. Ina schneuzt sich und wischt sich die Tränen ab.

Ach, Heulen ist schön, denkt sie. Es erleichtert.

Auf dem Tisch liegt ein Schreibblock. Ina schlägt ihn auf. Sie malt eine Eule auf das Papier. Eine Eule mit großen, weisen Augen.

Mit der Eule kann ich leben, findet sie. Aber der Stein und die Schlange, das ist hart. So will ich nicht sein.

Daß die mich so sehen, die anderen Frauen! Dabei habe ich sie alle ganz lieb gemalt. Die Nelly als Schaf, mit viel Wolle und Klimperwimpern. Eigentlich hätte eine Katze besser zu ihr gepaßt. Eine Katze, die manchmal ihre Krallen zeigt. Vielleicht fuchst es sie sogar, daß ich sie als Schaf gemalt habe. Dummes Schaf, die Nelly. Aber mit Krallen.

Komisch, was die Italienerin mit ihren Spielchen anrichtet. Tiere malen, ha, ha. Und hinterher muß man heulen.

»Nein, Frau Krüger, ich halte es noch nicht für sinnvoll, daß Sie zu Ostern Urlaub nehmen«, sagt die Therapeutin.

»Warum?« fragt Ina. »Es war doch ausgemacht. Es steht doch schon ewig in meinem Vollzugsplan. Und ich freue mich seit Wochen auf Susanne.«

Ihre Stimme zittert.

»Es ist zu früh, glauben Sie mir. Ich kann es nicht verantworten, daß Sie jetzt schon Ihrem Vater gegenübertreten.«

»Frau Schmidt, ich schaff das!«

Ina ist sich ganz sicher.

»Ich komm damit zurecht. Ich habe mich in der Gewalt.«

»Wissen Sie«, sagt die Therapeutin und berührt Inas Hand kurz, »wenn ich bedenke, wie viele Jahre Sie den Mißbrauch verdrängt haben, Ina, und was das für Jahre waren, dann finde ich, daß Sie sich wirklich etwas Zeit lassen sollten.«

»Aber die warten doch zu Hause auf mich!«

Ina gibt nicht auf.

»Ihre Familie kann ruhig noch ein bißchen länger warten, nicht wahr? Es geht um Sie, Frau Krüger. Um Sie – nicht um Ihren Vater oder um Ihre Mutter. Und auch nicht um Ihre Tochter.«

»Keine Chance?« fragt Ina.

Ihr Widerstand bricht zusammen. Tränen treten in ihre Augen. Sie bemüht sich nicht, das zu verbergen.

»Doch«, die Therapeutin lächelt. »Sie haben eine Chance. Aber Sie dürfen nichts übereilen. Sie kommen schon noch so weit, Frau Krüger.«

Sie reicht Ina ein Zellstofftaschentuch über den Tisch. Es riecht nach Pfefferminz.

Stille auf der Station, seit zwei Tagen schon. Ina hat lange geschlafen. Trotzdem fühlt sie sich müde und niedergeschlagen. Es war kein guter Schlaf.

Sie weiß nicht mehr, wie oft sie aufgewacht ist in der Nacht. Einmal ist sie barfuß in die Küche getappt und hat kalte Milch getrunken. Milch beruhigt.

Es half aber nicht. Ewig dauerte es, bis sie wieder einschlief. Seit der vorletzten Therapiestunde fürchtet sie sich vor dem Schlaf. Sie träumt. Und die Bilder, die sie aufschrecken, gleichen sich.

Vati badet Suse. Er hat ihr die Zöpfe hochgebunden und seift sie ab. Langsam und gründlich. Es ist viel Schaum in der Wanne. Jetzt trocknet er sie ab. Und sie kuschelt sich an ihn.

Er sieht aus wie früher. Nicht diese Falten um die Mundwinkel und das graue Haar. Er trägt Suse aus dem Bad. Er bringt sie ins Bett. Ganz allein. Mutti ist nirgends zu sehen. Warum paßt Mutti nicht auf? Warum paßt sie nicht wenigstens auf Suse auf?

War das überhaupt Suse? Nein, das war ich. Ich hatte auch so lange Zöpfe, als ich zehn war.

Ina springt auf. Ich werde noch verrückt, denkt

sie. Ich muß raus aus der Hütte. Ich muß mit jemandem reden.

Stille auf dem Gang.

Ina schaut in den Gruppenraum. Niemand drin. Bei den Beamtinnen sitzt Micha, die einzige, die über Ostern keinen Ausgang hat. Vorsichtig öffnet Ina die Tür.

Ach, sie spielen Karten, sie klopfen Skat. Micha, Frau Wedel und einer von den Beamten aus dem geschlossenen Vollzug. Sie haben sich Kaffee gekocht. Man riecht es.

Ina bleibt in der Tür stehen.

»Kommen Sie rein, Frau Krüger, wir hören sowieso gleich auf«, sagt die Wedel.

Ina schüttelt den Kopf und zieht die Tür wieder zu. Sie bleibt im Flur stehen.

Was soll ich jetzt machen? Wieder auf die Hütte? Nein. Mich ganz alleine vor die Glotze hocken? Auch nicht.

Ina lehnt sich an die Wand. Wo soll ich bloß hin?

»He, Frau Krüger!«

Die Wedel steht vor ihr und zupft an Inas Arm.

»Was ist los mit Ihnen?«

»Ich dreh durch, Frau Wedel. Wenn ich nicht bald …«

Ina schluchzt.

Die Wedel nimmt Ina in den Arm und bringt sie in ihre Zelle.

»Nehmen Sie die Jacke«, sagt sie. »Oder einen Pullover. Und dann gehen wir beide erst mal an die Luft.«

Ina macht sich los und will sich auf das Bett fallen lassen.

»Nichts da, Frau Krüger.«

Mit einer Hand hält die Wedel Ina fest. Mit der anderen öffnet sie den Schrank und zieht Inas Anorak vom Bügel.

»Anziehen!« Kommandiert sie.

Widerstrebend kriecht Ina in den Anorak.

»Losgehen.«

Die Wedel legt den Arm um Inas Taille, führt sie die Treppe hinunter, winkt den Pförtnerinnen zu und reißt die Tür von Haus 6 auf.

»Ich hab nur das T-Shirt an«, sagt sie vor dem Haus und zeigt auf ihre nackten Arme. »Wir müssen ein bißchen traben, sonst erkälte ich mich.«

Sie greift nach Inas Hand und läuft los. Ina läßt sich mitziehen.

Die Wedel macht Tempo. Ina muß plötzlich lachen, mitten im Lauf.

Menschenskind, denkt sie. Wenn das einer von den Wachtürmen sieht! Da jagt mich die Wedel hier um das Haus, selber halbnackt, und wir beide in Latschen.

»Wer als erster wieder an der Pforte ist, ist King des Tages«, japst die Wedel, zieht ihre Schuhe aus, hebt sie auf und läuft in Socken davon. Ina hinterher, mit schlappenden Pantoffeln.

Die Wedel gewinnt.

»Unlauterer Wettbewerb!«

Nach Luft schnappend kommt Ina herangestolpert.

»Ohne Schuhe bin ich auch schneller.«

Als die beiden an der Wache vorbeigehen, zeigt ihnen eine der Uniformierten einen Vogel.

»Nun haben wir wieder was für unseren Ruf getan.«

Die Wedel stößt Ina an und grinst.

»Mackestation.«

Micha sitzt vor dem Fernseher und guckt sich einen Kinderfilm an. »Na? Geht es wieder?« fragt sie, als Ina sich zu ihr setzt.

»Ja«, sagt Ina, immer noch ein bißchen außer Puste.

»Die Wedel hat meine bösen Geister verscheucht. Einkriegezeck hat sie mit mir gespielt. So ein verrücktes Huhn.«

»Nimm's mir nicht krumm, Ina«, sagt Micha unvermittelt, »aber wenn du durchhängst, kann ich dich besser leiden.«

»Wieso?«

Ina rückt ein Stück weg.

»Da bist du nicht so zu.«

»Versteh ich nicht«, sagt Ina.

»Ja, wirklich.«

Micha tut sich zwei Stück Zucker in den Kaffee und rührt um.

»Da merkt man, daß du auch nur ein armes Würstchen bist. Wie wir alle.«

Sie greift nach der Thermoskanne und schüttelt sie ein wenig.

»Ist noch ein Schluck drin. Willst du?«

Ina nickt.

Micha gießt ihr den Rest Kaffee ein. Suchend blickt sie über den Tisch, steht auf und holt eine Tüte Milch aus der Küche.

»Hier«, sagt sie, »du trinkst ihn doch weiß.«

»Danke, Micha«, sagt Ina. »Und übrigens hast du recht.«

»Womit?«

»Na, mit dem Würstchen. Ich glaube, ich bin hier das ärmste überhaupt.«

»Gib nicht schon wieder an«, sagt Micha, legt die Beine hoch und lehnt sich in die Sofaecke.

»Hach, guck mal, jetzt fängt das Bäumchen an zu singen und zu klingen. Jetzt kriegen sie sich gleich, die Prinzessin und der Bär. Schön, nicht? War früher mein Lieblingsfilm. Mit Christel Bodenstein. Zum Verlieben.«

Micha schnalzt mit der Zunge.

Ich soll hier nicht die Hilfsbeamtin spielen. Ich soll mir mal überlegen, wie ich mit den anderen umspringe. Genau wie mein Vater mit mir.

O Gott, ich hätte kotzen können, als die Wedel das sagte. Ein Glück, daß niemand dabei war.

Was sollte ich denn machen all die Jahre? Mich dem grauen Trott anpassen? Nein, da wäre ich kaputtgegangen. Ich bin nicht so ein stumpfer, willenloser Knacki wie die anderen. Ich kann doch nichts dafür, daß ich mehr im Kopf habe als die.

Die Wedel sagt, ich soll mal für einen Moment meinen Kopf aus dem Spiel lassen. Ich hätte doch wohl auch noch einen Bauch und ein Herz.

Bauch. Das klingt schon so eklig. Weich und schwammig und verfressen. Ich will keinen Bauch haben.

Und mein Herz? Immerhin klopft es. Das höre

ich. Mehr will ich gar nicht wissen. Sonst lasse ich mich bloß wieder gehen. Und das tut so weh.

Ich behandele die anderen wie mein Vater mich.

Wie hat er mich denn behandelt? Er hat mich benutzt. Ganz gemein hat er mich benutzt und dabei immer so getan, als sei es zu meinem Besten. Als müßte ich ihm noch dankbar sein. Und ich war ihm dankbar, die ganze Zeit.

Ich habe ihn beschützt.

Ich schütze ihn heute noch.

Ina knipst die Leselampe an. Sie schaut auf die Uhr. Halb zwei.

Jetzt geh ich es an, denkt sie. Ich tu es für Susanne. Und es würde mich auch nicht wundern, wenn ich danach endlich schlafen kann.

Über ihr auf dem Bücherbord liegt der Schreibblock. Sie reißt ein Blatt heraus und schreibt:

Guten Abend, Vati,

von schlimmen Gedanken geplagt, bin ich vor kurzem wach geworden. Ich muß mir Dir gegenüber die Seele freireden und habe meine Gründe dafür.

Seit dreizehn Jahren läuft unser Lügenspiel, hat immer neues Futter bekommen und schlimme Folgen gebracht. Ich meine damit nicht allein den Tod von Achim, sondern auch meine Lebensunfähigkeit.

Ich will die Verantwortung dafür nicht abwälzen. Aber heute finde ich erstmals den Mut, Dir zu sagen: Es war Deine Schuld. Du hast mich so verdorben, daß ich in dieser schrecklichen Nacht nicht mehr wußte, wer ich bin und was ich tu. Genauso schlimm ist, daß ich es auch heute noch nicht richtig weiß. Wer ich bin, meine ich. Und wer du bist. Aber ich glaube, ich fange an, es zu begreifen.

Ich möchte, daß Du Dich dazu äußerst. Es geht mir um Susanne.

Ina.

Als sie den Brief noch einmal liest, hält sie am Ende inne.

Es geht mir auch um mich, denkt sie. Auch um mich.

Liebe Ina!

Deine Zeilen haben ein Tor aufgestoßen in der Mauer, die zwischen uns entstanden ist. Hemmungen, Alltagsprobleme und fehlende Gesprächsmöglichkeiten belasten uns beide. Vergangenheitsbewältigung im großen wie im kleinen, das wirst Du verstehen, ist zu keiner Zeit leicht. Sie erfordert, daß man sich abschirmt, um die Kraft dazu zu finden. Wer kann das schon?

Wenn ich jetzt nachdenke, fällt mir eine Formulierung aus Deiner Studienzeit ein: Die Genossen sind die größten Idealisten. Ich bin es eigentlich noch immer, auch wenn ich mir damit heute wie ein Fossil vorkomme.

Natürlich erkannte ich früher schon Widersprüche in der Gesellschaft und in unserer Familie. Aber ich fand keinen Ausweg. Ich begnügte mich mit kleinen Lösungen auf Nebenstrecken, ohne sie in die große Linie einzuordnen. Die Folgen bei Dir waren demnach eine logische Entwicklung.

Deine Zeilen bewegen mich dazu, noch einmal mein Tagebuch unserer Beziehung herauszusuchen.

Da lese ich im März 1978: Väterliche Liebe ist egoistisch. Und im Juni 1979: Ina soll ihren Freischwimmer im persönlichen Leben machen. Kurz darauf habe ich eingetragen: Nachfragen, welche persönlichen Probleme Ina belasten. Ina beantwortet die Fragen nicht. Warum?

Was war das eigentlich damals? Zu weit gegangene Erziehung? Das Abreagieren von Eheproblemen? Leidenschaft? Oder einfach nur leichter und billiger Verkehr?

Du siehst, ich steige vom väterlichen Thron herab und mache mir auch Gedanken. Fakt ist, daß ich Deine Unreife ausgenutzt und das Gesetz nicht beachtet habe. Aber war denn alles schlecht?

Was auch passiert, Ina, ich stehe für meine Kinder ein. Und das geschieht nicht aus Schuldgefühlen heraus.

Dein Vati.

PS: Tu mir die Liebe und laß Mutti aus dem Spiel. Du weißt, wie krank sie ist. Es würde ihr das Herz brechen.

Die Therapeutin legt den Brief aus der Hand. Sie seufzt.

»Tja«, sagt sie nach einer Weile, und das winzige Lächeln vertieft die Linien an ihren Mundwinkeln, »was haben Sie erwartet, Frau Krüger?«

Was habe ich erwartet, überlegt Ina. Daß er begreift, was er getan hat. Daß er sich stellt, wenigstens mir gegenüber. Daß er mich ernst nimmt. Daß er seinen Teil von meiner Schuld trägt.

Sie versucht, ihre Gedanken in Worte zu fassen.
Die Therapeutin hört zu.

»Wissen Sie«, sagt sie, als Ina schweigt, »ich glaube, da überfordern Sie den Mann. Er ist nicht wie Sie, Frau Krüger. Er hat nicht nachgedacht. Warum sollte er auch?«

»Weil Susanne da ist, mein Kind.«

»Sicher.«

Die Schmidt spricht leise, aber jedes Wort trifft Ina wie ein Schlag.

»Sie haben das Kind hingebracht, damals. Das waren Sie, Frau Krüger.«

»Ich weiß«, sagt Ina tonlos. »Es geht mir auch nicht um meinen Vater. Jedenfalls nicht in erster Linie. Nicht mal in zweiter. Es geht mir um Suse und um mich. Ich muß dafür sorgen, daß er sie in Ruhe läßt. Deshalb habe ich den Brief geschrieben, letztendlich. Ich wollte ihm Angst machen.«

»Also, das ist Ihnen gelungen, denke ich.«

»Finden Sie?« fragt Ina.

»Klar«, sagt die Schmidt. »Merken Sie das nicht? Seine Antwort ist eine einzige Rechtfertigung und Zurückweisung.«

Ina greift nach dem Stück Papier.

»Darf ich?«

»Natürlich. Es ist doch Ihr Brief.«

Ina liest ihn. Sie liest ihn ohne dieses anschwellende Gefühl von Zorn und Enttäuschung, das bisher jedes Mal in Haß umschlug. Sie liest ihn beinahe gelassen, und plötzlich erkennt sie, daß Unsicherheit hinter all den selbstgerechten Worten steckt.

Sie schüttelt den Kopf und fängt noch einmal von vorn an.

Meine Güte, denkt sie, was für ein armseliges Geschwafel. Wenn ich bedenke, wie lange ich mich geknechtet habe, bevor ich mich traute, ihm entgegenzutreten. Wenigstens auf dem Papier.

»Frau Krüger, wenn Sie wollen, können Sie jetzt Urlaub beantragen«, sagt die Therapeutin. »Schreiben Sie einen Vormelder, ich genehmige ihn. Fahren Sie hin.«

»Ja«, sagt Ina. »Aber wir müssen vorher noch darüber reden, Frau Schmidt.«

»Gewiß«, die Therapeutin lacht. »Denken Sie bloß nicht, daß ich Sie einfach ziehen lasse. Mir nichts, dir nichts. Überlegen Sie sich bis zum nächsten Mal, worauf Sie achten wollen, wenn Sie bei Ihren Eltern sind.«

»Mach ich.«

»Notieren Sie es«, sagt die Therapeutin. »Und gukken Sie zwischendurch immer mal drauf.«

Ina nickt.

Wozu denn das nun wieder, denkt sie.

War gar nicht so blöd, alles aufzuschreiben. Ina zählt. Zwanzig Zeilen durchgestrichen. Fünf sind stehengeblieben.

Wie sehen sie mich an im ersten Moment? Suse, Vati, Mutti. Doppelpunkt.

Wer bringt Suse ins Bett? Ich wäre glücklich, wenn das Kind es zuläßt, daß ich das tu. In Klammern.

Hat Suse immer noch Zöpfe? Großes Fragezeichen.

Ich schneid sie ihr ab, denkt Ina. Wirklich, ich schneid sie ihr ab. Diese Scheißzöpfe. Wie Zügel.

Wo habe ich das gelesen? Wenn man an einen Ort zurückkehrt, an dem man vor sehr langer Zeit zum letzten Mal war, wirkt alles ganz klein. Klein, grau und ein bißchen traurig.

Mutti hat geweint, als ich aus dem Zug stieg. Vati hat Suse angestoßen, damit sie mir entgegenrennt. Sie kann gar nicht richtig rennen, schien es. Vielleicht wollte sie auch nicht, weil ich ihr fremd bin.

Sonst war alles wie immer. Als wäre ich nie weg gewesen. Frühstücken, Mittag essen, Kaffee trinken, Abendbrot. Abwaschen, aufräumen, fernsehen. Keine Fragen. Nichts. Aufgefallen ist mir das erst auf der Heimfahrt. Eigenartig.

Zu Hause. Wo ist denn nun mein Zuhause? Dort nicht, nein. Und auf der Sotha auch nicht mehr lange. Ich habe gar kein Zuhause, mein Gott. Ich muß mir eins suchen, wenn ich rauskomme. Ein eigenes.

Ob Suse bei mir leben könnte, wenn ich draußen bin? Das arme Dickerchen mit seinen Zöpfen geht mir schon bis zur Schulter, obwohl es noch nicht mal elf ist. Das ist nun meine Tochter.

Die Schmidt wird mich natürlich morgen gleich nach Vati fragen.

Vati. Ich war darauf gefaßt, daß es mich umhaut, ihn wiederzusehen. Daß irgendein schreckliches Gefühl mich umhaut. Ich hatte regelrecht Angst davor. Vor diesem Gefühl.

Und dann standen sie auf dem Bahnsteig, die Alten, und guckten mir beklommen entgegen. Mutti griff gleich zum Taschentuch. Da konnte ich ihr Gesicht nicht mehr sehen.

Wenn ich es recht überlege, taten sie mir leid in

dem Moment. Nicht sehr, aber ein bißchen. Das einzige Gefühl, an das ich mich jetzt erinnern kann, war das Gefühl, sie trösten zu müssen.

»**Haben Sie es getan?**« fragt die Therapeutin.

»Nein«, sagt Ina. »Und wissen Sie, warum nicht? Ich wäre mir blöd vorgekommen.«

»Das müssen Sie mir erklären, Frau Krüger.«

»Wenn jemand Trost braucht, dann bin ich es, finde ich. Gut, in dem Augenblick auf dem Bahnhof vielleicht nicht. Aber im allgemeinen. Ich habe alles verloren, und sie haben das einzige bekommen, was mir noch gehörte. Suse.«

Die Schmidt notiert sich etwas auf einem Zettel. Ina bemerkt es.

Habe ich was Falsches gesagt? fragt sie sich. Und wenn schon. Ich sehe es so, also ist es so. Egal, ob gut oder schlecht.

»Wie lief es denn mit Ihrer Tochter?« will die Therapeutin wissen.

»Ich weiß nicht recht«, sagt Ina. »Sie ist so groß geworden. Gäbe es die Fotos nicht, ich glaube, ich hätte sie gar nicht wiedererkannt.«

Ina schließt die Augen und versucht, das Bild der Tochter herbeizurufen. Es sind die Fotos, die ihr einfallen.

»Suse hängt an meinen Eltern, ist ja klar. Besonders an meinem Vater. Opa hier, Opa da. Das hat mir wehgetan … Natürlich mache ich mir Sorgen, was passiert, wenn sie noch ein bißchen älter ist. Wer weiß, was jetzt schon passiert? Gemerkt habe ich aber nichts, obwohl ich aufgepaßt habe wie ein Schießhund.«

»Ein was?«

»Ein Schießhund. Kennen Sie das Wort nicht?«

»Nein. Nie gehört.«

»Ein Schießhund ist der Vorstehhund des Jägers. Ein ganz scharfer Köter, der seine Augen überall hat.«

»So?«

Die Therapeutin verzieht das Gesicht.

»Soviel ich weiß, sind das meistens Dackel.«

»Ach, du Scheiße«, sagt Ina.

Sie schlägt die Hand vor den Mund.

»Stimmt«, murmelt sie hinter der vorgehaltenen Hand.

»Schon gut, Frau Schmidt, ich hab es begriffen.«

»Ich glaube, die nehmen mich.«

»Sagen Sie bloß! Gleich beim zweiten Anlauf … Trotzdem muß ich ihre Tasche kontrollieren. Geben Sie mal her.«

Die Wedel schaut in beide Fächer, kramt ein bißchen darin herum und gibt Ina die Tasche zurück.

»Schön für Sie, Frau Krüger. Gratuliere.«

»Danke.«

Ina wirft den Anorak mitten auf den Tisch im Beamtenraum.

»Mit meinen Zeugnissen waren sie zufrieden, und als ich nach einer Weile erklärte, wo ich herkomme, haben sie auch nicht groß gezuckt. Und überhaupt! Mensch, wenn das wirklich klappt!«

»Nun kriegen Sie sich mal wieder ein, Frau Krüger.«

Die Wedel schüttelt Ina.

»Noch ist nicht aller Tage Morgen.«

Na gut, denkt Ina. Dann such ich mir eben anderswo jemand, der sich richtig mit mir freut.

»Ich komm gleich zurück«, sagt sie, »ich erzähl es nur eben den anderen.« Ehe die Wedel antworten kann, stiebt Ina über den Flur.

Im Fernsehen wirbt Franziska van Almsick gerade für die Lila Pause. Die Frauen im Gruppenraum blikken auf, als Ina hereinplatzt.

»Leute, drückt mir die Daumen.«

Ina läßt sich neben Nelly auf das Sofa fallen.

»Es sieht so aus, als kriege ich einen Job.«

»Echt?«

»Du hast immer ein Schwein.«

»Erzähl mal.«

»Habt ihr noch einen Tropfen Kaffee?« fragt Ina, schnappt sich eine leere Tasse und schwenkt sie hin und her.

»Mir ist ganz trieselig vor Aufregung. Ich muß erst mal was einschütten.«

Nelly gießt die Tasse voll, bis sie fast überläuft.

»Genug«, sagt Ina, »wie soll ich denn das trinken?«

Sie beugt sich tief über den Tisch und schlürft die Tasse halbleer.

»Also«, mit der Hand wischt sie sich über den Mund, »als es in der Textilbude nicht klappte, gaben sie mir auf dem Arbeitsamt den Tip, mich als Verkäuferin zu bewerben. In einem Herrenausstatter in Wilmersdorf. Die suchen da jemand, der auch Änderungen machen kann. Verkaufen und schneidern. Ich hab noch überlegt, ob ich es überhaupt wage, denen meine Unterlagen zu schicken. Herrenausstatter. Publikumsverkehr. Und dann eine aus dem Knast.«

»Keine Chance«, sagt Micha, »vergiß es. Die schreiben dir schon noch ab. Die wollen bloß …«

»Ich habe nicht den Eindruck, ehrlich«, unterbricht Ina. »Da saß eine in der Personalabteilung, die war …, wie soll ich sagen, die war nicht so zu. Als die mich fragte, was ich denn verbrochen hätte, da hab ich ihr das erzählt. Stell dir mal vor! Das mach ich ja nun auch nicht bei jedem. Und die … Also, erst mal sagte sie gar nichts. Ich dachte schon, das war es nun. Aber dann …«

Ina streicht sich die Haare aus dem Gesicht.

»Dann sagte sie: Betrügerinnen können wir natürlich nicht einstellen in diesem Haus. Bei Ihnen jedoch, da habe ich eigentlich keine Bedenken. Ich rede mit dem Personalchef darüber. Ich möchte es nicht allein entscheiden.«

»Siehst du! Der Chef macht einen Rückzieher. Wetten?«

»Weiß ich nicht«, sagt Ina. »Glaub ich nicht. Jedenfalls soll ich übermorgen anrufen. Drückt mir mal die Daumen.«

»Mach ich.«

Nelly hebt die Fäuste und zeigt sie Ina.

Haben Sie schon gehört, Frau Schmidt, was gestern …«, ruft Ina.

»Ja«, die Therapeutin dreht sich um. »Ich freu mich für Sie. Morgen erzählen Sie mir alles ganz genau, ja? Heute, so leid es mir tut, sind Sie nicht dran, Frau Krüger.«

Sie verschwindet im Beamtinnenraum.

Macht nichts, denkt Ina, laß sie. Morgen ist auch noch ein Tag.

»**Gut**«, sagt die Therapeutin, »das wäre geschafft. Der nächste Schritt ist die Wohnungssuche. Haben Sie schon was unternommen?«

»Nein. Immer eins nach dem anderen«, antwortet Ina und lächelt in sich hinein. Das hat sie mir doch selbst oft genug vorgebetet.

»Nächste Woche fang ich damit an. Annoncen lesen, die Gefangenenhilfe fragen und so weiter. Ich weiß schon Bescheid, Frau Schmidt.«

»Dann ist ja alles in Ordnung«, sagt die Therapeutin. »Übrigens, Frau Krüger, der Zwei-Drittel-Termin rückt immer näher. Wollen Sie die Strafaussetzung auf Bewährung beantragen?«

»Ja.«

»Das kommt wie aus der Pistole geschossen. Haben Sie es sich gut überlegt? Sind Sie denn wirklich schon so weit?«

»Ja.«

»Ich meine, es wird nicht einfach.«

»Ich weiß«, sagt Ina. »Aber ich will es versuchen.«

Sie schaut die Therapeutin an.

»Denken Sie denn, daß ich es schaffen könnte?«

»Vielleicht«, sagt die Therapeutin.

»Helfen Sie mir?« fragt Ina.

»Ja. Ich werde Sie begleiten. Stellen Sie den Antrag.«

Mensch, die Schmidti. Da hilft sie mir. Und dabei war ich oft so zum Kotzen. Das habe ich gemerkt. Nicht nur einmal.

Kaum hat Ina die Tür hinter sich geschlossen, übermannt es sie. Sie könnte brüllen vor Glück und Traurigkeit. Hält sich den Mund zu und weint.

Mensch, die Schmidti.

Wenn ich die nicht getroffen hätte ... Was wäre aus mir geworden?

Das, was ich war, denkt Ina, wischt sich die Tränen ab und steigt in den ersten Stock der Sotha. Das kalte Gestänge des Treppengeländers gibt ihr Halt.

Das, was ich war. Das, was ich war.

Die Worte fallen im Takt ihrer Schritte.

Klein fühlt Ina sich und einsam, obwohl die Therapeutin neben ihr sitzt. Die Weite der Flure im Berliner Landgericht schluckt jeden Laut. Beide Frauen schweigen. Alles ist gesagt, alles ist bedacht.

Ina schaut auf die hölzerne Tür, hinter der sie den Richter weiß. Sie kennt seinen Namen; er kennt ihre Akte. Allein wird sie vor ihm stehen, ohne Beistand. Keinen Anwalt gibt es, der das, was sie sagen muß, besser weiß als sie selbst, die Mörderin.

Zwei Drittel der Strafe liegen hinter ihr und vier Jahre Therapie. Eine qualvolle Zeit. Sie will leben, endlich selbst für sich sorgen und für das Kind, ihre Tochter. Deshalb hat sie beantragt, vorzeitig entlassen zu werden.

Die Tür öffnet sich. Eine Gerichtsdienerin in Uniform tritt in den Flur.

»Frau Ina Krüger. Bitte kommen Sie.«

Die Worte hallen in Inas Ohren. Sie erhebt sich und geht auf die Tür zu, die sich mit einem dumpfen Knall hinter ihr schließt.

Minute um Minute rückt der Zeiger der Gerichtsuhr vor. Kein Laut dringt aus dem Saal hinter der hölzernen Tür. Die Stille lastet.

Plötzlich steht Ina wieder im Flur. Die Augen weit aufgerissen, bleiches Gesicht. Die Therapeutin eilt auf sie zu und fängt sie auf. Ina klammert sich an die zierliche Frau. Sie würgt ein Schluchzen hinunter. Dann stößt sie hervor: »Der Staatsanwalt aus Dresden hat meinen Antrag abgelehnt. Es ist der gleiche wie damals, beim Prozeß ...«

»Und der Richter? Was hat er gesagt?« will die Therapeutin wissen. Sie zieht Ina auf eine Bank, setzt sich neben sie.

»Nichts.«

Ina schlägt die Hände vors Gesicht.

»Gar nichts hat er gesagt.«

»Das kann doch nicht sein.«

Die Therapeutin nimmt Inas Hand.

»Beruhigen Sie sich, Frau Krüger. Kommen Sie, wir ...«

»Er muß alles noch einmal prüfen, bevor er eine Entscheidung fällen kann, hat er gesagt. Er verstand nicht, warum ich Susanne bei meinen Eltern ließ. Er wollte wissen, warum ich meinen Vater nicht angezeigt habe, warum ich so schwachsinniges Zeug erzählt und die Ermittlungen erschwert habe. Warum? Warum?«

Inas Stimme bricht.

»Und Sie?« fragt die Therapeutin. »Was haben Sie ...«

»Ich hab versucht, es zu erklären. Die ganze Zeit habe ich das versucht! Er hörte mir ja auch zu. Unterbrach mich kaum. Ich dachte schon, er hätte es begriffen. Aber dann ... Wie soll er es auch begreifen? Er ist aus dem Westen! Er weiß doch nicht, wie es bei uns war! Und dieser Staatsanwalt aus Dresden macht alles kaputt! Daß der immer noch da ist ...«

Ina schluchzt. Die Therapeutin legt ihr die Jacke über die Schultern und zieht sie von der Bank.

»Kommen Sie, Frau Krüger, wir gehen hier weg. Wir reden in Ruhe darüber. Wenn der Richter sagt, daß er die Sache prüfen läßt, dann wird er das tun. Wir werden sehen ...«

Die beiden Frauen gehen durch den langen Flur, eine Treppe hinab, und stehen auf der Straße. Ina schließt die Augen und saugt die kalte Luft tief in ihre Lungen.

Nun wird alles noch einmal beginnen, denkt sie. Von Anfang an.

AtV Texte zur Zeit

Band 7005

Peter B. Heim
Women are the niggers of the world

Über Frauen, Herrenmenschen
und Nietzsches Peitsche

Originalausgabe

223 Seiten
16,90 DM
ISBN 3-7466-7005-5

Täglich erfahren wir es – mehr oder weniger deutlich – in den Medien, im Büro oder in der Familie: »Frauen sind schwach, verführen unschuldige Männer, haben nichts im Kopf und nichts zu sagen.« Provokant und unparteiisch dokumentiert und kommentiert Heim Zusammenhänge zwischen männlichen Herrschaftsansprüchen und alltäglicher Ausgrenzung von Frauen, zwischen offener und subtiler Diskriminierung durch die Justiz, durch alte und neue Rollenklischees in Literatur, Film und Presse.

A^tV

Band 7014

Claudia von Zglinicki
Ich, Prinzessin Viola
Ein altes Haus und seine Besetzer

Mit 20 Fotos von Thorsten Futh

206 Seiten
15,90 DM
ISBN 3-7466-7014-4

»Ich bin ich. Ich lasse mich nicht ...
einsortieren und abstempeln.« So die
16jährige Henrike, die mit etwa 20 jungen
Leuten im Berliner Stadtteil Prenzlauer
Berg ein Haus besetzt hatte.
Henrike und sieben andere Aussteiger
haben Claudia von Zglinicki von ihrem
Alltag berichtet: von Trips, aggressivem
Betteln, ihrer Musik und ihren Hunden,
von Kriminalität, Räumungen und Ver-
handlungen mit Behörden. Sie entflohen
gutsituierten Elternhäusern oder überfor-
derten Müttern, angesehenen Internaten
oder pieksauberen Dörfern und Städten.
Sie kennen Einsamkeit, haben Erfah-
rungen mit Drogen, einige wollten ihrem
Leben ein Ende setzen.
Ihre Geschichten erzählen von Sucht und
Gewalt, von Rausch und Liebe.

A*t*V

Band 1039

Mario Wirz
Es ist spät, ich kann nicht atmen
Ein nächtlicher Bericht

113 Seiten
10,90 DM
ISBN 3-7466-1039-7

Mario, ein fünfunddreißigjähriger
schwuler Schauspieler, weiß, daß er nicht
mehr lange leben wird. In einer stakkato-
haften, beispiellosen Sprache erzählt Mario
Wirz die verzweifelte Geschichte von
einem, der sich besessen zu erinnern beginnt, während er aushält, was nicht aus-
zuhalten ist – ein fiebriger Bericht, in dem
sich gieriger Lebenswille auftut.

»Mario Wirz weist sich auch mit diesem
Band als einer der begabtesten zeitgenössi-
schen Literaten deutscher Sprache aus.«

Gottfried Wagner, Die Welt